JN100813

はじめての
理科専科

Osaki Yuhei
大﨑雄平

東洋館出版社

はじめに

次のような悩みを抱えている先生はいませんか？ 本書は、まさにこのような先生方のために作った本です。

- **理科を指導するのがはじめて。**
- **教員歴は長いけど、理科の指導をあまりしてこなかった。**
- **理科専科（教科担任制で理科担当）になってしまった。**
- **理科専科を一度経験したけど、うまくいかないことが多かった。**

……etc

小学校の理科を指導してみると、必ずと言っていいほど困ることが出てきます。例えば、以下のようなことがあげられるでしょう。

・天気に左右されて単元が進まない。
・水を冷やし続ける実験で、水が凍ってくれない。
・メダカが卵を産まない。

理科を一度でも指導した経験のある先生なら、「あるある」と思っていただけたのではないでしょうか？

このような「理科でよくある悩み」を解決する方法を提案、解説しています。できるだけ分かりやすいように動画も付けました。二次元コードを読み込んでみてください。また、安全指導に使える資料などをダウンロードすることもできます。

本書が、理科の授業に対するみなさまの不安や負担を少しでも取り除くことができれば幸いです。

大﨑　雄平

もくじ Contents

chapter 6 子どもが輝く夏になる！ 自由研究の指導のコツ

chapter 7 安全で使いやすい理科室づくり

付録 子どもが夢中になる！ 理科ネタ９選

プロローグ prologue

「私は理科が得意です」

このように胸を張って主張できる小学校教員は全国に何名くらいいるのでしょうか。きっと、どの教科よりも少ないのではないでしょうか。

私もこのような執筆をしていながら何ですが、「理科が得意です」と胸を張って言うことは恐れ多くてできません。大学は教育学部の理学科出身ですが、今でも「なんちゃって理系」だと自分のことを認識しています（高校時代は物理で 18 点を叩き出したこともありました……そんな私が教育学部の理科領域専攻に入学した話は、長くなるので割愛します）。

正直に話すと、私は、生物や岩石、星空にもあまり興味がなく、野草についてうれしそうに語ったり、星空を見るためにわざわざ休日に出かけたりする理科好きな先生の話を聞くと、「自分はそうはなれないな……」と思ってしまいます。でも、理科を子どもたちと共に学習することは大好きです。他教科と違い、理科は自然の事物・現象が相手です。不思議な現象を目の前にキラキラと輝く子どもたちの顔を見れば、「理科の授業をがんばってみよう」そう思えるのです。

でも、私のように思えない、思う余裕がない、それが今の学校現場の現状ではないでしょうか。全国では、教科担任制が進み、理科専科が在籍する小学校も増えてきたと聞きます。まだ専科制が整っていない自治体の方からは、「すごい！うらやましい！」そんな声も聞こえてきそうです。でも、この話には続きがあります。**残念ながら、「理科専科＝理科が得意な教員」とは限らないのです。**これまで理科を教えたことがないのに、育児時短勤務を取得するために理科専科にならざるを得なかった、そんな方もいると聞きます。この背景には、教職員の子育て世代の増加、人員不足……などが原因としてあげられるでしょう。SNS の私のアカウントに届く、理科に関わる相談件数は確実に増加傾向にあります。つまり、それだけの教員が理科指導に困っているのです。きっと、本書を手に取ってくださっているあなたも、その一人なのではないでしょうか。

私のまわりには、たまたま理科が得意な方が多く、理科の授業準備や指導のノウハウを蓄積することができました。しかし、そのような環境ではない先生方も大勢いると思います。**私のミッションは、自分が学んだノウハウを多くの人に伝え、少しでも理科の授業に対する不安を取り除くことだと思っています。**

見通しをもって、理科の授業準備を進めることができれば、きっと先生方自身が理科の授業を楽しむ余裕が増え、子どもたちにも楽しく理科の授業をすることができるのでは、と考えています。「理科があまり好きになれない」「植物なんて、昆虫なんて、石なんて……興味がない」大丈夫です。そのような先生の方が、子どもたちに面白さの押し売りをしないはずです。（植物、虫、石好きの先生を批判しているわけではありません！）きっと、子どもたちと共に理科の楽しさを感じることができると思います。

小学校に根強く残る担任至上主義 ー専科は担任を支える存在にー

私は、採用４・５年目に、理科専科を経験しました。担任の仕事を一通り覚え、はじめての異動。「次はどの学年かな」と心躍らせておりました。しかし、校長先生からお願いされたのは、まさかの理科専科でした。異動したばかりで、同僚のことも、子どものことも分からない中での専科の仕事は、なかなかつらいところがありました。特に、４月当初は、学年団での動きが基本のため、専科はかなり寂しい思いをします。自分のクラス、教室がないということ……担任経験のある人なら、この気持ちを分かっていただけるのではないでしょうか？ お昼ご飯も、担任の先生方が気を遣って誘ってくれているのではないか、そんなことまで思っていました。

学校全体で子どもたちを伸ばしていこう！とスローガンを掲げていたとしても、実際のところ、やはり、小学校では担任という存在が大きいです。この私が感じた寂しさの裏には、小学校は担任がすべてのことを担っているということが大きいでしょう。やりがいがあるのは間違いありませんが、教科指導に生徒指導、給食指導、保護者対応……すべてを担任が行うのは、もはや限界がきていると思います。

では、専科の役割とは何なのでしょうか。この問いには、様々な答えがあると思いますが、私はシンプルに「自分が担任だった時にしてもらいたかったフォローをすること」と考えていました。そうすることが、まわりの信頼を得られると考えたからです。「専科＝担任外で暇している存在、そんなふうには絶対に思われたくない」そういった気持ちも正直なところはありました。そのため私は、次のように優先順位を付けて仕事をしていました。

❶ 授業づくり
❷ 校務分掌
❸ 担任フォロー

専科の役割でもっとも重要なことは、言うまでもなく授業を成立させることです。そのためには、予備実験などを含めた授業づくりが欠かせません。「担任の先生が安心して授業を任せられる」「その時間は少しほっこりできる」そんな時間にできるよう、ここは何より一番に考えていました。

2つ目は校務分掌です。私が理科専科をしていた時は、ありがたいことに授業がない時間がありました。ここでだらだらと仕事をしていれば、おそらくまわりの先生からの信頼を得ることはできません。教材研究や準備を進めることももちろんありましたが、私は、少し重めの校務分掌を引き受け、担任の先生方の負担軽減に努めました。

3つ目は担任フォローです。ここは特に、授業を受け持っていなかった低学年のフォローに努めました。4月当初、1年生の給食の配膳などを手伝ったり、図工の作品を掲示しておいたり、隙間の時間にフォローできることはいくらでもあります。また学校公開日など、保護者が来校する際の授業を積極的に引き受けていたこともあります。こうした小さな積み重ねが、周囲からの信頼を得るポイントとなります。そうしたことを繰り返すうちに、先輩教員から「担任外こそ、力のある先生にやってもらうべき。ありがとう」という言葉をもらい、「自分のやっていたことは間違っていなかったな」と思えました。のちに担任に戻った際にも、新しい取り組みなどを提案する際に、この信頼は大いに役立ちました。

専科になると、「担任を外れてしまった」と悲観的に思う方もいるかもしれませんが、そんなふうに思う必要は一切ないと思います。たくさんの子どもたちと関わることができる、たくさんの先生方の実践を見ることができる、というメリットもあります。まだ、授業が始まる前に本書を手に取ってくださっている方は、自分の居場所がないことに不安を感じているかもしれません。大丈夫です。授業が始まってしまえば、その不安は少しずつ消えていきます。当時の私がそうでした。ぜひ、理科専科という仕事にプライドをもち、楽しんでください。担任とはまた違った景色が見られますよ。

ちなみに、ここでの取り組みは空き時間があることを想定しています。空き時間が設けられていない理科専科の方もいるでしょう。そういった先生方はもちろん、教材研究を最優先にしてくださいね。

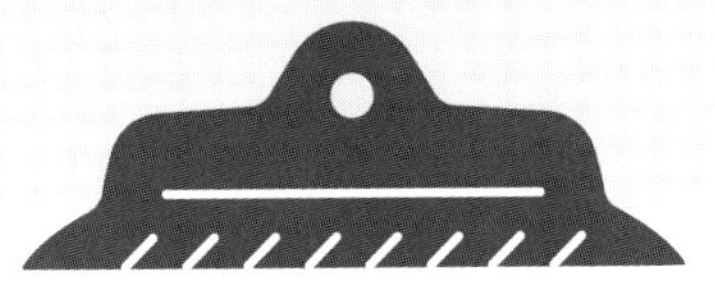

chapter
1

理科授業の準備を始めよう

chapter1

01 理科専科になったらすべきこと7選

以下に示すのは、理科専科になったらしておきたい７つの事項です。

❶ 自分が担当することになった学年・クラスの子どもの名前や顔写真(あれば)をチェックする

❷ 教材を確認する(学年団と相談しながら、理科のノートや市販テスト、教材キットの選定)

❸ 理科室の割り当てと時間割の組み方を確認する

❹ 担当学年の理科の教科書や指導書を見て、一年間の見通しをもつ

❺ 理科室・準備室の状況を把握する

❻ ❺を行った上で、4・5月の学習に必要な消耗品類がある場合は理科のカタログなどを基に教材を発注する

❼ 学校園の状態を確認する

❶子どもの顔と名前を一致させよう

担任と異なり、理科専科の場合は、担当クラスの子どもたちと顔を合わせる機会が、高学年だと週に３回程度しか（合計135分）ありません。人にもよるとは思いますが、なかなか子どもたちの顔と名前が一致しません。クラス数が多ければ多いほど、これは深刻な問題となります。ぜひ、早めにクラス写真をゲットし、顔と名前が一致するように意識して覚えていきましょう。名前を覚えることは、子どもとの良好な関係を築く上で、最も重要な最初のアクションです。「専科の先生なのに、私たちの名前もう覚えているの?!」そんなサプライズを仕掛けたいところです。

❷教材選びは学年団と共に

学年団が教材を選ぶ時に、一緒に選ぶようにしましょう。先に担当学年の

主任などに「教材を選ぶ時、私にも声をかけてください」と念押ししておくのがよいでしょう。他の教科との兼ね合いや子どもの実態も含めて、購入するノートや市販テストの検討をするとよいです。実験キットの購入も、この時に検討しておきます。実験キットについてはp.18に詳しく記載しています。

❸時間割の主導権を握ろう

多くの学校で、どの時間にどの学年、クラスが理科室に割り当てられているかが決まっていると思います。仮に、高学年の理科を担当することになった場合の多くは、この理科室割り当てに沿って、授業が入ることになるでしょう。しかし、この割り当てシステムに問題がある場合があります。それは、小学校によっては理科を２時間続きで授業することを前提として割り当てが組まれている可能性があるということです。下の表は、とある小学校の理科室割り当てです。

	月	火	水	木	金
1		6−1	5−1	5−2	5−3
2	5−1	6−1	5−1	5−2	5−3
3	5−2	6−2	6−1	6−3	4−2
4	5−3	6−2	6−2	4−2	4−2
5	4−1	6−3	4−1	4−3	4−3
6		6−3	4−1		4−3

たしかに準備や後片付けを考えれば、２時間続きが妥当なのですが、授業内容によっては、２時間続きでやる必要がない場面も出てきます。また、植物が関わる単元（5年「植物の発芽」など）は、すぐに結果が出る実験ではないので、２時間続きで授業を入れた場合、２時間目に何もできないという可能性もあるでしょう。このあたりは、担任であれば「予定変更ね！」で済む話ですが（もちろん担任でも極力避けたいですが）、専科であれば許されないことになります。

そこで、年度当初に、理科の時間割を決めるのは「理科専科の役割」というように、主導権を握ってしまうことをおすすめします。

週の予定を考える際には、植物や動物、天気の様子などを考慮しなければなりません。実情を一番把握している理科専科が、理科室割り当てを基本としながらも、先に時間割を考え、学年に伝えておきます。もちろん、学年としての動きもあるでしょうから、うまくいかないこともあると思いますが、そこはその都度、連携を取りながら考えていくようにしましょう。

私は理科専科の時に、このように主導権を握っておりましたが、担任団からは、「先に予定を組んでおいてもらえれば、それを基に、学年会で週の予定を決定できるから問題ないですよ」と言われていました。ここからは余談ですが、2時間続きの理科の場合は、たまに金曜日の5・6時間目に入れてあげると喜ばれます。来週の予定を聞いた時に、静かにガッツポーズをしている担任もいました（笑）

❹一年間の見通しを

理科の学習は一年間の見通しをもつことがとても大切です。これは、後ほど詳しく解説しますが、植物などの栽培が入ってくるからです。授業内に子どもたちと種まきを行う植物には大きな問題はありませんが、中には、教師が先に育てておかないと授業が進まないものもあります。また、月などの観察が必要な単元では、決まった日にち、時間にしか、目的の月が観察できないということもあります。

実験に必要な消耗品がある場合、業者に頼んでも、即日で持ってきてくれることはないでしょう。そのように考えると、理科は他教科に比べて、より早め早めに計画をしておく必要があると言えます。教科書や指導書は本当によくできています。隅々までチェックし、一年間の見通しをもつようにしていきましょう。

❺理科室・準備室の現状を把握しよう

ある程度の見通しが立ったら、理科室や準備室の現状把握をしていきましょう。ここでチェックすべきポイントは、学期初めの消耗品類です。昨年度の残りがあるのか？ 新たに購入が必要なものはあるのか？ 予算との状況は？……など、考慮しなければならないことは様々です。早めに検討を進めましょう。3・4年生に関しては、植物や天気を最初に扱う教科書が多いので、少し先の単元に必要な道具があるかをチェックする程度で大丈夫でしょう。5・6年生に関しては、消耗品類を使うことも多いので、教科書や指導書をよく読み、必要な物をチェックしていきましょう。現状把握に関しては、できれば過去に理科室や準備室を使ったことのある先生と共にするようにしましょう。時間短縮にもつながります。

❻教材の発注—消耗品類を中心に

いよいよ教材の準備に入ります。ここでは4・5月の単元で、なおかつ消耗品類の使用が多い、5・6年の単元を例に準備物をチェックしてみましょう。

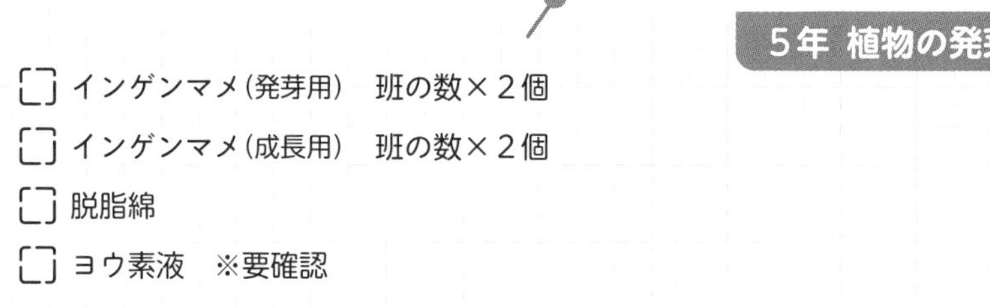

5年 植物の発芽

- [ ] インゲンマメ（発芽用）　班の数×２個
- [ ] インゲンマメ（成長用）　班の数×２個
- [ ] 脱脂綿
- [ ] ヨウ素液　※要確認

実際には、うまく発芽しないインゲンマメがあることも考慮し、少し余分に買っておくとよいでしょう。

ヨウ素液は、既に薄められているものを使用した場合、でんぷんとの反応が分かりづらい場合があります。事前に必ず予備実験をしましょう。最も確実な方法は原液から薄めることです。原液を薄める場合は、よく「紅茶くらいの色」がよいと言われています。だいたい約4～8倍に薄めると、そのような色になります。

消耗品

- [ ] ろうそく　班の数　[ ] ガスマッチ（マッチ）　班の数
- [ ] 気体検知管（酸素用）　班の数×２個
- [ ] 気体検知管（二酸化炭素・低濃度用）　班の数×１
- [ ] 気体検知管（二酸化炭素・高濃度用）　班の数×１
- [ ] 窒素ボンベ　班の数　[ ] 石灰水
- [ ] 酸素ボンベ　班の数
- [ ] 二酸化炭素ボンベ　班の数　[ ] 線香

消耗品以外

- [ ] 気体採取器　[ ] 集気瓶　[ ] 底無し集気瓶
- [ ] 集気瓶のふた　[ ] 燃焼さじ　[ ] 保護眼鏡　[ ] 丸型水槽

このような準備物一覧は各教科書会社の指導書を見てもらうのが最も正確です。一覧にしてみると、事前にたくさんのものをチェックしておかなければならないことがよく分かると思います。単元が始まってからでは、発注が間に合わない可能性が非常に高いので、早め早めに準備に取りかかりましょう。

❼学校園は大切な場所

学校園のチェックも重要です。学校内のどこに理科の教材として使う植物を育てる場所があるのかをチェックしておきましょう。耕し方が不十分な場合には、土や肥料を足す必要も出てくるかもしれません。ちなみに６年では、前年度に植えたジャガイモの葉を教材として扱うことが多いです。「5 年の時に植えるのを忘れていた！」という場合には、別の植物で授業を行えば OK です。５年で扱うインゲンマメの葉でも代用可能なので、６年生分と合わせて多めに栽培しておきましょう。また、アサガオやアジサイの葉でも、ジャガイモの葉の代わりとなります。

chapter1
02
ノートかワークシートか

あなたはどっち派？

理科専科を任せられることになった時に、いくつか考えないといけないことがあります。その一つが、授業では「ノートとワークシート、どちらを使うのか」という問題です。結論から言えば、これはケースバイケースと言えます。しかし、絶対に NG なワークシートは存在します。

NG ワークシートとは

NG ワークシートとは、実験方法などがすでに描かれたワークシートのことです。最近では、そういった市販のワークシート集も登場しています。市販のワークシートは見栄えもよく、一見、子どもたちに親切であるような気がします。しかし、そのようなワークシートに慣れてしまうと、小学校理科で付けたい「問題解決の力」が十分に育たない可能性があります。例えば、5年生では、主に「予想や仮説を基に、解決の方法を発想する力」を育成しようとします。この力を育成するには、子どもたち自身が解決の方法を発想する時間が確保されていなければなりません。ワークシートに、すでに実験方法が記載されてしまっていると、子どもたちは「自分たちで実験方法を考える意味がない」と感じ取ってしまうでしょう。では、どんなワークシートが理想的なのでしょうか。私は、極力シンプルなワークシートが理想だと思います。せいぜい、学習問題や予想（仮説）、実験計画など、表題が書かれたフレーム程度で十分です。子どもたちには不親切なくらいの方が、問題解決の力を育成するためにはよいでしょう。タブレットを用いたデジタルワークシートにも同じことが言えます。

併用もおすすめ

教師目線で言えば、ノートとワークシート（最低限のフレームの場合）の一番の違いは、回収のしやすさです。複数のクラスを受け持つ場合、一度にノートを回収すると、物理的なスペースの確保が大変です。一方、ワークシートの場合は、A4 一枚に収まる程度にしておけば、回収も簡単に済みます。育児時短勤務などでなかなかノートを点検する余裕がない場合には、ノートよりもワークシートの方が便利かもしれません。また併用するという選択肢も一つです。私は、基本的にはノート、単元によってはワークシートという進め方をしていました。なぜなら、理科専科の場合、授業のコマ割りがガチガチに固定されているために、単元を並行で進めざるを得ない場合があります。例えば、5 年では「植物の発芽」や「植物の成長」の単元の結果待ちの際に、別の単元を進める必要が生じることがあります。この場合、どちらかの単元をワークシートで進めておけば、ノートがちぐはぐになることもありません。

デジタルワークシートも活用しよう

観察が主な単元の場合は、タブレット端末を用いたデジタルワークシートの方が効率的です。自治体で使用できるソフト（PowerPoint、keynote、Google Slides、Canva、ロイロノート等）を用いるとよいです。例えば、5 年「天気と情報」の学習の場合、デジタルワークシートに、天気の情報が見られるサイト集をリンクとして貼り付けておけば、手早く単元を進めることができます。ただし、普段から学級内で使い慣れていない場合、理科の時間だけでタブレットの指導を行うのはかなりの労力です。担任にも協力を仰ぎ、日常的にタブレットを使うようお願いする必要があります。

結局の話

ノート、ワークシートどちらを使うにしても、**要は資質・能力が身に付けば何だっていいのです**。困った時は、学習指導要領に立ち返り、どんな資質・能力を育成するために授業を行うのかを考えましょう。

chapter1

03 消耗品の発注は来年度を見越す

理科専科になった時、大半の人が愕然とするのが、準備室のごちゃごちゃ具合ではないでしょうか（整理方法については p.136 参照）。もちろん、そうでない学校もあるとは思いますが、なかなかできていないのが現実です。そんな状況でも、単元に必要な実験器具や道具を探し出す必要があります。大きな実験器具はだいたい見たら分かるのですが、細かな消耗品類はかなりやっかいです。教師用の指導書などには、必要な実験器具や道具が細かく書かれていますので、よく見ながら準備を進めてください。理科専科一年目の場合は、消耗品類が足りない場合は、その都度、業者に発注する必要があります。**ここで、チェックが甘いと授業直前に道具が足りないことに気付き、100 円ショップにダッシュ→泣く泣く自腹を切る……**こんなことが起こってしまいます。理科の教科の特性として、モノがないとどうしようもないということがあります（私もこれまでに総額いくら自腹を切ったか考えると恐ろしいです）。

自腹を切るのが当たり前にならぬよう、理科専科には計画性が必要不可欠です。しかし、これがまた難しい（余談ですが、私はあまり計画性のある人間ではありません）。そんな私がおすすめするのが、**「単元終了後、使い切ってしまった消耗品はその都度、発注しておく」**という方法です。もちろん、予算の都合ですべて購入することは難しいでしょう。そこで優先順位を付けて購入します。その基準はとてもシンプルで、夏休み前までの単元で必要な消耗品を優先します。例えば 6 年だと、「ものの燃え方」で必要な気体検知管、酸素ボンベや二酸化炭素ボンベなどです。こういった類のものは、授業で確実に使用することが分かりきっています。来年度を見越して発注しておけば、自分以外の先生が理科専科をすることになったとしても、4 月当初に慌てる必要がなくなります。仮に、来年度も自分が理科専科ならば、かなりの余裕ができるでしょう。

chapter1

04 実験キットはフル活用

理科の学習には強い味方があります。それが「実験キット」です。実験キットは「子どもたちの手元に残る」、さらに「一人一実験が容易にできる」という魅力があります。

ただし、どの単元もキットで進めるというのは保護者の金銭的負担が大きくなってしまうため、おすすめしません。キットを使う単元は絞った方がよいでしょう。私が特に実験キットをおすすめする単元が、6年「電気の性質」です。実はこの単元、手回し発電機やコンデンサーの故障がとても多いのです。私もこれまで6年の理科を担当した際には、単元の前に毎回、手回し発電機とコンデンサーのチェックをし、その都度、故障が見つかれば省いたり、新たなものを購入したりすることをしていました。しかし、この作業がなかなか大変。そこで、次年度からは、キットを活用することにしました。そうすることで、チェックの時間が減り、教材研究に費やせる時間を確保できました。また、購入する実験キットはできるだけ機能がシンプルなものを選ぶようにしていました。凝った内容のものは、見た目やモノづくりの面白さはあるものの、子どもによっては、早く作りたい！という思いが先行してしまい、肝心の学習内容が置き去りになってしまうことがあったからです。

実験キットはうまく用いることができれば、強い味方となります。ぜひ4月当初に、いろいろなキットを見比べ、最適なものを選んでください。盲目的に、昨年度の学年が頼んでいたものと同じものを頼もうというのは危険です。ここは時間をかけるべきポイントですので、しっかりと後悔のないように選んでください。

実験キットの後片付け

便利な実験キットですが、電池を使うキットは、後片付けに気を付けましょう。電池もスイッチも入れっぱなしにしてしまう子どもがいます。もしもショート回路※になっていたら、とても危険です。仮に事故につながらなくても、次の時間に実験ができなくなってしまいます。少し面倒かもしれませんが、電池には１本１本名前を書かせ、先生が回収するようにしましょう。

※ショート回路：乾電池（電源）のプラス極とマイナス極の間に豆電球やモーターをつながずに、直接導線などで結ばれた回路のこと。

ショート回路を防ぐための保管方法

- 極同士が触れ合わないように保管する。
- まとめて保管する際には、金属の缶などには保管しない。プラスチック容器がベスト。
- 単三電池などは、小さいチャック付ポリ袋に入れさせ、回収しておくと管理がしやすく、実験の時に手渡しやすいです。また、この時、極をマスキングテープなどで覆っておくと、極同士の接触を確実に防ぐことができます。

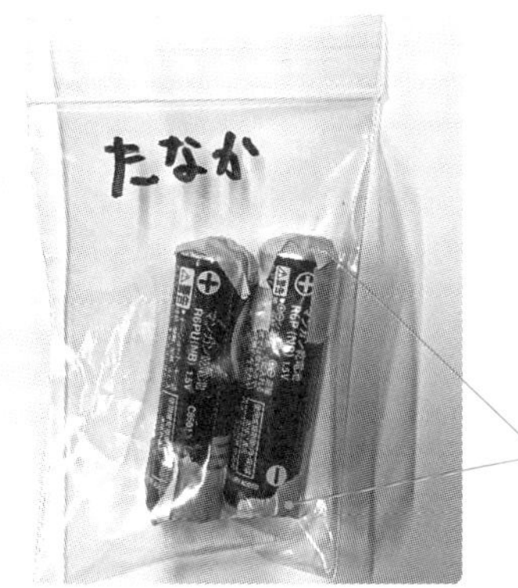

マスキングテープで極を覆う。セロハンテープやガムテープでもよい。

ちなみに小学校の理科で扱う電池は全て「マンガン」乾電池です。「アルカリ」乾電池は使用してはいけません。いくつかの理由がありますが、最も重要なのは、ショート回路を作ってしまった場合の安全上の理由です。「アルカリ」乾電池の場合、ショート回路になると、電池や導線がとても熱くなり、やけどしてしまうこともあります。一方、「マンガン」乾電池はあまり熱くならないため、万が一の場合も安心です。必ず「マンガン」乾電池を購入するようにしましょう。

chapter1 05

植物単元はとにかく早めの対応を！

理科の学習で多くの教師を悩ませるのが植物単元ではないでしょうか。ここでは、特にお悩み相談が多い植物について取り上げます。ただし、植物の栽培時期については、どうしても地域差が生まれてしまうため、一般化を図ることが難しいです。今回は私が勤める京都府（京都市南部）の気温条件を例に述べたいと思います。

まずは、4年生で扱うことが多いヘチマやツルレイシです。最大の難関は「発芽」です。4月に種をまいても、地域によっては気温がまだ低く、発芽の前に種子が腐ってしまうことがあります。発芽率を上げるためには、気温が上昇し、**地中の温度**がおよそ25～30℃程度になった頃に準備をスタートするとよいでしょう。最初は教室などで育てようとする先生もいると思いますが、気温が上がらないと、もちろん地温も上がりません。**黒色のポットを用いて、気温が上がりやすい場所に移動させるなどして、地温が上がるようにしてください。ただし、直射日光は避けるようにしましょう。**

また、ヘチマやツルレイシの種子は爪切りなどであらかじめ傷を付けておくと発芽しやすいとされています（図を参照）。ただし、誤って傷を付けてし

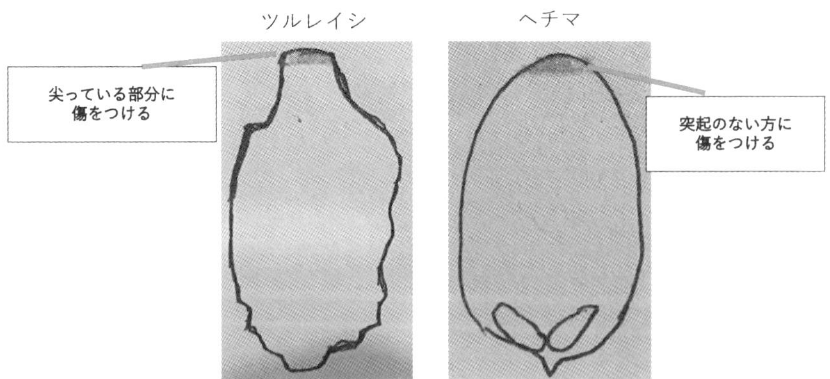

まうと、逆に発芽しなくなってしまうこともあります。傷を付けることよりも、先ほど述べたように地温が高くなっていることが大切です。

ヘチマやツルレイシは、発芽さえすれば育てやすい植物です。ただし、地面への植え替えの際には、連作（同じ場所に毎年連続で同じ植物を育てること）障害に気を付けてください。学校園の係の先生と相談し、場所を変えながら育てるようにしましょう。

次に、5年で扱うことが多いアサガオについてです。アサガオは「花から実へ」の単元で使われることが多いです（教科書によっては、ヘチマをメインで扱い、別の方法としてアサガオが記載されていることもあります）。

このアサガオについても、注意が必要です。特に、栽培スケジュールです。アサガオを扱う単元時期が夏休み明けに計画されている場合、夏休み中もアサガオの世話をしに学校に行かなければなりません。私が勤める自治体では、学校閉鎖日というものが設定されており、1週間ほど、管理職や日直が出勤しません。この時期は、2日に1回程度、水やりのためだけに学校に行きました。旅行にも行けず、なんだか悶々とした休みを過ごしたことを覚えています……。このような悲劇が起きないためには、どうすればよいか？ その答えは簡単。夏休み明けまでに、単元を終えてしまうのです。アサガオであれば、1年生も種まきをしますよね。5年のアサガオもその時に種をまいておいて、夏休みまでに単元を終えてしまえば、夏休み中に水やりの心配はいりません（地域によっては、気温の関係上、アサガオの開花が夏休み明けになる学校もあります）。

また、植物教材の怖いところは、花が咲いたり、実ができたりしない限り、単元が進まないことです。このリスクを少しでも回避するためには、時期をずらしながら、場所を変えて、学習で使用する植物教材の種まきを行っておくことをおすすめします。植物教材はとにかく保険をかけることが大切です。

chapter1

06 授業準備の流れ

実際に授業を始めるにあたって、以下の流れに沿って準備をするとよいでしょう。

❶単元の目標を知るために、学習指導要領解説を読む

担任であれば、学習指導要領解説の全教科を読み込むというのは非現実的ですが、理科専科であれば、ぜひ読むようにしてください。3～6年の系統性や中学校とのつながりも意識していきましょう。

❷教科書、指導書をしっかりと読み込み、単元に必要なものを確認する

足りないものがあれば、その場で発注する習慣を身に付けましょう。もしも費用のかかる器具が足りなければ、近隣の小学校に貸し出しの依頼を出す必要があるかもしれません。そのためにも、なるべく早く確認しておきたいところです。

❸授業の展開を考える

教科書のストーリー、単元で働かせたい見方・考え方を確認しましょう。この時、教科書に出てくる子どもの発言がポイントとなります。自校の子どもたちの実態と照らし合わせながら「教科書の子どもみたいな発言が出るかな……いや出なさそうだし、もっと発問を細かくしてみようか」などと、具体的にイメージできるとよいですね。

❹各時間に考察でどのようなことを書ければよいのか考える

よく問題と結論を先に考えてしまいますが、ぜひ考察から授業をデザインしてみてください。考察から考えることで、単元展開においてどのような学習をしておかないといけないのかが見えてきます。導入時にどのようなこと

をして、科学的な用語はどこでおさえるのか、そんなことをイメージしながら、授業をつくっていきましょう。

❺予備実験をする

- 教科書、指導書に示された器具や薬品などの数量、状態を確認する。
  ➡ガラス器具のヒビ割れや薬品の濃度などは安全に直結する部分なので特に注意。
- できるだけ、実験当日と同じ環境、状況を想定して行う。
- 操作の難しさ、実験時間、安全面の配慮などを確認しながら予備実験をする。
  ➡実験の操作が難しい場合、「途中までは指導者が事前にセットしておく」「指導者が実演し、操作方法を伝える」「事前に手順を示した動画を撮影しておく」「手順を分かりやすくスライドにまとめておく」などの手立てが考えられます。

子どもにお手伝いを頼もう

理科の授業準備には、かなり労力がかかるものもあります。例えば、学校園の整備です。理科専科になったらすべきこと7選でも述べたように、土を耕したり、肥料を蒔いたりというようなことも理科専科にとっては重要な仕事となります。これを一人でやろうとすると大変です。だからと言って、授業時間内に子どもたちと畑を耕すというのも、クラスの人数が多いと、収拾がつかなくなる可能性があります。そこで、私がよくしていた方法は、理科室の掃除に当たる児童に、理科の授業準備の仕事を依頼するということです。もちろん、普段の掃除はきっちりとこなしてもらいます。掃除が始まる冒頭に、「今日もし時間が余ったら、君たちにしか頼めない秘密の仕事があるんやけど……」とつぶやいてみます。理科室という特別な環境の掃除だけでもテンションが上がっているところ、さらに秘密の仕事となれば、子どもたちは目の色を変えて掃除に取り組みます。そして、残った時間で畑仕事を依頼、というような感じです。大人であれば、嫌がる人が多いであろう畑仕事も、掃除時間なのに掃除以外のことをしている！ という背徳感（?）のためか、子どもたちはうれしそうに取り組んでくれます。さらに「先生、なんでこんなことしてるの？」と質問をしてくる子どもがいれば、「あぁー、これはちょっと先の学習なんやけど、〇〇を植えようと思っていて……あっ、でもこれは、まだみんなには秘密やから言わないでね！ 理科室掃除の特権やから！」と伝えておけば、「自分たちだけの秘密＆最新情報」という認識が加わり、毎日の理科室掃除を楽しみにしてくれるようになります。6年生が掃除の担当であれば、「なつかしいな～」などと言いながら、5年生の実験道具をセットしてくれたこともありました。子どもたちとのコミュニケーションの場にもなるので、積極的にお手伝いを頼むようにするとよいです。

ただし、こうした頼み事はできるだけ掃除時間にしましょう。休み時間は子どもたちにとっても貴重なリラックスタイムなので、避けたいところです。

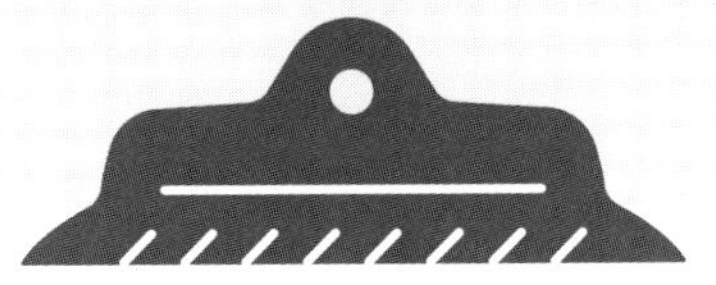

chapter 2

問題解決の流れを実践すると見えてくる悩み

chapter2

01 理科授業の基本的な流れ

小学校の理科では、自然事象に対する気付きから問題を見いだし、主体的に問題解決に取り組む活動が重視されています。学習指導要領を基に、「問題解決の過程」と学年を通して育成を目指す「問題解決の力」を図で表してみましょう。

問題解決の過程

自然事象に対する気付き
▼
解決したい問題の見いだし
▼
予想・仮説の設定
▼
検証計画の立案
▼結果の見通し
観察、実験の実施
▼
結果の整理
▼
考察
▼
結論の導出
▼
振り返り

問題解決の力

主に3年	差異点や共通点を基に、問題を見いだす力
主に4年	既習の内容や生活経験を基に、根拠のある予想や仮説を発想する力
主に5年	予想や仮説を基に、解決の方法を発想する力
主に6年	より妥当な考えをつくりだす力

主に育成したい問題解決の力は学年ごとに示されていますが、どの学年においても問題解決の過程を踏むことは同じなので、他の学年で掲げられた力の育成についても配慮が必要です。

当然のことながら、教科書もこのような過程を踏まえて示されています。この過程に沿って進む中で、「問題解決の力」を育成していくというわけです。

よく受ける質問として、「この10個の過程を45分ですべてやり切るのですか？」というものがあります。これに関しては、「ケースバイケースです」と答えています。例えば、単元の1時間目に問題を設定するケースでは、1時間で問題の見いだしと予想・仮説の設定で終わってしまうこともあります。

予想・仮説に根拠を示せないような場合には、予想・仮説の時間を取らずに学習を進めるケースもあり得ます（例：6年「水溶液の性質」の酸性や中性、アルカリ性に関する予想）。このような場合は、45分ですべての過程を終えることもできます。観察・実験の時間は確実に15～20分は確保したいところなので、その時間配分をベースに1時間1時間の授業をデザインしていくとよいでしょう。

また、理科における資質・能力の育成の鍵となる「見方・考え方」も、授業デザインには重要です。各教科書に登場するキャラクターのセリフは、この「見方・考え方」を働かせた発言となっています。

理科の見方・考え方 とは➡ 資質・能力を育成する過程で子どもたちが働かせる**「物事を捉える視点や考え方」**

理科の見方 とは➡ 問題解決の過程において、自然の事物・現象をどのような視点で捉えるか

理科の考え方 とは➡ 問題解決の過程において、どのような考え方で思考しているか

理科の見方(領域ごとの特徴から整理)	
エネルギー領域	量的・関係的
粒子領域	質的・実体的
生命領域	共通性・多様性
地球領域	時間的・空間的
その他に原因と結果、部分と全体、定性と定量など	

理科の考え方(問題解決の能力を基に整理)	
3年	比較する
4年	関係付ける
5年	条件を制御する
6年	多面的に考える

しかし、本書では、この部分については、あまり深く述べることはしません。なぜなら、分かりやすい資料や書籍が既にたくさん世に出ているからです（笑）

p.42におすすめの資料や書籍を紹介しますので、問題解決的な学習についてもっと知りたい方、「理科の見方・考え方」について学びたい方はぜひ参考にしてみてください。

chapter2
02
【問題の見いだし】
問題づくりは実証可能なものを

子どもたちに付けたい問題解決の力に、「**差異点や共通点を基に、問題を見いだす力**」があります。これは特に3年で身に付けたい力です。この力を育成するためには、複数の事物・現象を比較し、その差異点や共通点を捉えることが大切です。

3年「太陽の動き」を例に

この単元では、よく影踏みおにを導入として行います。午前と午後の2回、影踏みおにを行い、その時の気付きを比較し、問題をつくるといった展開です。指導者としては「午前と午後では、影の向きが違った」という気付きを基に、「どうして影の向きが違ったのかな？」「太陽の動きが関係しているのかな？」というような疑問や予想が出てきてほしいところです。しかし、実際にはこれら以外の疑問が出てくる可能性もあります。例えば「なぜ影は黒いのか？」というような疑問です。仮にこうした疑問が出てきた場合は授業内で扱うことはできません。なぜなら、この疑問は観察、実験によって実証可能な問題にならないからです。では、こうした疑問が出てきた場合には、どのように対処するのがよいのでしょうか。この対処には、以下のようなパターンが考えられます。

❶子どもたちの疑問として多く出たものを、全体の場で扱うことにする。
❷子どもたちの疑問を収集したのち、調べる方法が明確に考えられるものを全体の問題として扱う。
❸指導者が、（観察、実験で）実証可能な問題と実証不可能な問題を、理由を付けて説明し、実証可能な問題のみを扱うものとする。

仮に❶を選択した場合には、少数派の意見が機械的に取り下げられてしまうので、子どものモチベーションが下がる可能性があります。❷はぜひ取り扱ってもらいたいところです。理科の場合、問題とその問題を解決するための検証方法はセットで考えなければ学習が進みません。「影の向きが変化したのは、太陽が動いたからだろうか？」という問題がつくられた場合には、検証方法として「太陽の動きと影の向きを時間ごとに調べる」という方法を思い浮かべることができるでしょう。

（観察、実験で）実証可能な問題と実証不可能な疑問

では、「なぜ影は黒いのか？」という疑問についてはどうでしょうか。おそらく多くの児童が検証方法に困ってしまうと思います。せいぜい「インターネットで調べる」くらいではないでしょうか。

このように、自分たちが考えた問題の検証方法を少しでも考える時間を取ることにより、観察、実験で実証可能な問題なのか、観察、実験で実証不可能な問題なのかを判断する訓練になります。もちろん、自分たちが考えた問題の検証方法を考える時間が多ければ多いほど、両者を正確に判断できるようになるわけではありません。そこには、個別の声かけなど、指導者の支援が必ず必要になってきます。また、判断が難しい問題が出てくる可能性があるので、その時は❸の方法を取る必要もあるでしょう。時数の問題や実験器具の有無も大いに関係するので、検証が難しい場合には、子どもたちに正直にそのことを話すようにしてみてください。先生も一緒に悩み、考え、問題を解決していく、この過程がとても大切です。

導入や発問の再検討を

子どもたちが、指導者がねらいとする疑問をもてない時は、導入の活動や発問がうまく機能していない可能性も考えられます。例えば、影踏みおにの導入後、「影について調べたいことはあったかな？」と発問すれば、広い範囲の問題が生成されることが予想されます。一方、「午前と午後の影踏みおにの様子を比べてみて、何か不思議なことはあったかな？」と発問すれば、かな

り疑問が絞られるでしょう。また、問題づくりとは、子どもたちが問題文をつくりだすことが目的ではありません。子どもたちの問題意識が十分に高まっていれば、子どもたちの思いを汲み取った上で、指導者が問題文を考え、提示することがあってもよいでしょう。子どもたちの実態に応じて、考えてみてください。

問題づくりのパターン

問題づくりには大きく２つのパターンがあります。１つは、単元の導入で、その単元に関わるいくつかの問題が完成するパターン。もう１つは、単元の導入では問題が１つ完成し、その後、解決を図る中で、新たな問題が見いだされるパターンです。前者の場合は、導入での活動がより重要になってきます。

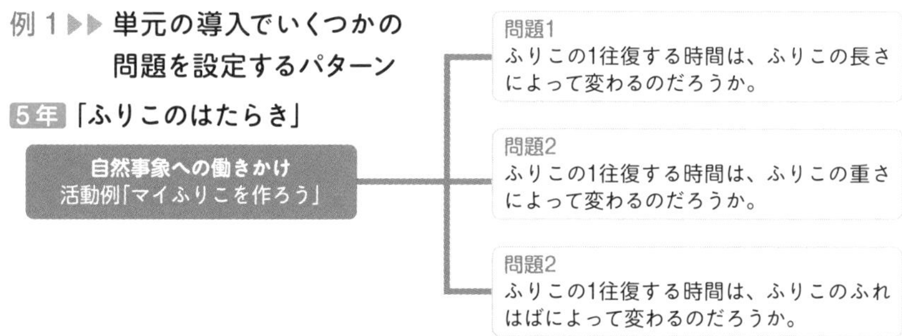

例２▶▶ 単元の導入で問題１を設定し、問題を解決する中で、新たな問題を見いだしていくパターン

4年「ものの温まり方」

参考文献

文部科学省国立教育政策研究所教育課程センター『「指導と評価の一体化」のための学習評価に関する参考資料』

川崎弘作・吉田美穂「科学的探究における疑問から問いへの変換過程に関する思考力育成のための学習指導」日本理科教育学会『理科教育学研究』62巻1号, 2021

大前暁政「小学校理科『探究の過程』の導入段階における問いの形成から仮説の発想へ導く指導方略についての研究」京都文教大学『心理社会的支援研究』第10集, 2019

chapter2
03

【予想の設定】根拠をもたせよう

子どもたちに付けたい問題解決の力に、「**既習の内容や生活経験を基に、根拠のある予想や仮説を発想する力**」があります。これは特に4年で身に付けたい力です。この力を育成するためには、自然の事物・現象同士を関係付けたり、自然の事物・現象と既習内容や生活経験とを関係付けたりすることが大切です。

根拠をもてるようにするための導入

生活経験は当然のことながら、子どもたちによって異なります。一方、既習内容を根拠にするのであれば、全員が同じ土台で考えることができるはずです。例えば、5年「もののとけ方」で学んだことを、6年「水溶液の性質」で生かすといった具合に。一方で、このようなパターンも存在します。

3年「ゴムや風の力」では「ゴムの伸ばし方を変えると、ものの動きはどのように変わるのか？」という問題を解決していきます。

少し極端な例になりますが、単元のはじめの時間に、先生がゴムの力で動く車を提示し、「ゴムの伸ばし方を変えると、動きはどう変わるかな？」と発問してみます。

きっと、子どもたちの中には日常でゴムを使った経験を基に、「強く引っ張ると、車も遠くまで勢いよく進むと思う。輪ゴムを強く引っ張ると遠くまで飛んで行ったことがあるから」と予想する子もいるでしょう。しかし、日常生活でゴムをほとんど使ったことがない子がいた場合、予想はどうなるでしょうか？ きっと根拠がないまま、「なんとなく」予想をすることになるでしょう。このように、事

前の実態調査なしで、子どもたちの日常の経験だけを頼りに予想させるのは少々横暴です。

そこで大切になるのが、導入での活動です。例えば、「どうすれば、指定された枠の中に車をぴったりと止められるのか？」という活動をしたとします。子どもたちはこの時、ゴムを強く引っ張ったり、弱く引っ張ったりして、ゴムの伸び加減をコントロールするでしょう。

この経験が次時に生かされれば、「ゴムの伸ばし方を変えると、動きはどう変わるかな？」と発問しても、「あの時、ゴムを強く引っ張って伸ばしたら枠をオーバーして進んでいったから、長くゴムを伸ばすとよく車が走るはずだ」というように根拠をもった予想をすることができます。このように、これまでの授業での経験が、その後の観察や実験の結果を予想する際の根拠になることがあります。また、こういったことは４年「ものの温まり方」などにも言えることです。教科書の多くは「金属はどのように温まるのか？」からスタートしています。その予想の根拠は、日常生活でのフライパンを用いた料理経験となるでしょう。もしも、料理経験がないのであれば、その予想の土台を揃えるために、家庭科室で何かを調理するという体験から入ることが理想的です。しかし、時数や準備・後片付けの関係から、実行が難しい場合もあります。その場合には、「空気はどのように温まるのか？」からスタートさせることも一つの考え方です。ストーブを使用している学校であれば、こちらの方が経験の土台が揃っています。空気の温まり方を学習すれば、その後の水や金属の温まり方の予想の際に、空気の温まり方と比較し、予想ができるかもしれません。

新しい単元に入る前には、単元全体をしっかりと見通し、どのような活動が、その後の根拠になってくるのかを考えながら、授業をデザインしていきましょう。

参考文献

川上昭吾『理科教育学のすすめ　授業から離れない研究』東洋館出版社,2020

chapter2
04

【検証計画の立案と結果の見通し】
解決方法の発想は段階を経て

子どもたちに付けたい問題解決の力に、「**予想や仮説を基に、解決の方法を発想する力**」があります。これは特に5年で身に付けたい力です。この力を育てるためには、当然のことながら、子どもたちが解決の方法を発想する時間を確保しなければなりません。

指導者が実験の方法をすべて説明してしまうと、解決の方法を発想する力は育ちませんし、評価をすることもできません。しかし、子どもたちに計画のすべてを委ねると、とんでもない発想が生まれてしまい、収拾がつかなくなる可能性も出てきます。これらの問題を解決するためには、いくつかの方法やパターンが存在します。

毎時間ガッツリと計画を立てるのは非現実的

p.26 でも述べたように、問題解決的な学習の流れの基本は【問題の見いだし➡予想➡検証計画の立案➡結果の見通し➡観察、実験➡結果➡考察➡結論➡振り返り】となります。これだけのことを 45 分 1 コマでするのは、現実的になかなか難しいです。単純に計算すると、1 つのコーナーで 9 分ということになりますが、実際には観察、実験で 20 分を確保すると考えれば、他のコーナーは 3 分程度が限界となります。果たして 3 分で検証計画の立案ができるでしょうか。

このように考えれば、その学習の中のどこに比重をおくのかが見えてきます。45 分 1 コマですべてを進めるのか、検証計画の立案に比重をおいて、実際に観察、実験を行うのは次の時間にするのかなど、授業のコーディネートが変わってきます。毎時間、検証計画を立てるのではなく、時には指導者が、時には指導者と子どもたちのやりとりで、時には子どもたちにすべてを委ねて、というように軽重を付けながら、解決の方法を発想する時間を確保するようにしましょう。

子どもたちが解決方法を発想できるのかをよく考えて

「予想ができたね。さあ、ではどんな実験をすればいいかな？ 考えてみよう！」さて、子どもたちはこの声かけだけで解決方法を発想できるでしょうか？ おそらく、できる場面とできない場面が登場すると思います。いくつかの単元を例に、そのパターンを解説します。

例 1 ▶▶ **検証計画の立案がしやすいパターン**

3年「日なたと日かげの地面の温かさ」

問題　「日なたと日かげには、温かさにどのような違いがある？」

予想　「かげふみ遊びをした時に、日なたが温かくて、日かげは涼しかったから、温かさは違うと思うよ」

子どもによる計画

「日なたと日かげの温度を温度計で測ればいいと思う！」

指導者「じゃあ、温度計を使って、9 時の日なたと日かげ、12 時の日なたと日かげの地面の温度を調べてみようか」

こういった問題の場合は、検証計画の立案を子どもたちに委ねたとしても、子どもたちの発言を指導者がまとめていくような形で成立しやすい内容と言えます。子どもたちから温度計という具体的な道具の名前が出れば、あとは指導者から方法を提示してもよいでしょう。9 時と 12 時の 2 回、計測するという部分は子どもたちの発想からは生まれにくいです。ここは無理に引き出すのではなく、こちらから提示しましょう。

例２▶▶ **初の実験器具が登場するパターン**

4年「もののの温度と体積」

問題　「金属の温度が変わると、金属の体積はどうなる？」

予想　「空気や水と同じように変わると思う」

子どもたちによる計画

「金属を温めてみて、長さを測ればいいと思う！」

指導者「なるほど。それもいいけど、今回はこの実験道具（金属膨張試験器）を使うよー」

はい、これは最悪のパターンですね（笑）金属膨張試験器は初登場の道具であり、子どもたちの発想からは到底出てくるものではありません。この場合であれば、金属膨張試験器を先に子どもたちに渡してしまい、実際に触りながら、どういう道具なのかを考えたり、どのような結果になればどんなことが言えるのかを考えたりするなど、結果の見通しを立てることに重点を置いた方が意味のある時間になるでしょう。

子どもたちに解決の方法を発想させたのに、結局それらすべてを受け流し、指導者のレールに乗せることは、子どもたちの不信感につながってしまいます。「一生懸命考えたのに、結局先生が考えた方法でやるのか」そんな気持ちを抱かせないように気を付けましょう。

例3▶▶ 計画の一部分のみを重点的に考えさせるパターン

5年「植物の発芽」

問題　「発芽に空気は必要だろうか」

予想　「空気は必要だと思う。生き物は空気がないと生きていけないから、種子にとってもそれは同じだと思う」

指導者「この実験の変える条件と変えない条件は何かな？」

子どもたちによる計画

「1つは空気あり、もう1つは空気なしにしよう」

指導者「空気なしはどうしたらいい？」

子ども「宇宙に持っていく！」

指導者「それはさすがに無理やね（笑）片方は、水の中に沈めるようにしようか？」

このパターンでは、自然の事物・現象に影響を与えると考えられる要因を予想し、どの要因が影響を与えるかを調べる際に、条件を制御するといった考え方を用いることが大切です。

「空気がない状態」というのは、子どもたちの発想からは出づらいでしょう。もちろん考えさせてもよいと思いますが、この学習において「水の中」という発想はさほど重要な部分ではありません。「水の中」という方法を引き出したいために時間をかけるのは、授業の本質からずれるため、ここでは指導者から提示してよいでしょう。

このように、検証計画の立案と言っても、その単元、時間によって、どこまで考えさせるのかは変わってきます。

「道具や実験方法を一からすべて考えさせるのか」

「使う道具は教えて、実験方法は考えさせるのか」

「実験方法の一部分である、変える条件と変えない条件のみを考えさせるのか」

大切なことは目の前の子どもたちの思考をしっかりと想定することです。

どの程度、解決の方法を発想する時間を設けるのか、どこで評価するのか、そういった点も踏まえて、単元全体をデザインしていきましょう。

また検証計画の立案の後は、「自分の予想が正しければ、実験の結果は○○になるはずだ」という結果の見通しをもつことも大切です。この見通しがなければ、何のためにその実験をしているのかが不明瞭なまま学習が進んでいく可能性があるからです。検証計画の立案と結果の見通しはセットだと考えましょう。

また、安全に関する判断は、指導者がすべきことです。子どもたちが考えた計画であっても、その計画に少しでも危険性があれば、指導者がしっかりと理由を説明し、止める必要があります。そのためには、指導者が正しい知識を身に付けることが重要です。困った時には、私が管理するLINEのオープンチャットにぜひ参加し、質問してください。私以外にも、長く理科研究に関わっている先生が数多く参加してくださっていますので、きっと力になれることがあると思います。

chapter2
05

【結果と考察】

結果と考察の区別をどう指導する？

子どもたちにつけたい問題解決の力に、「**より妥当な考えをつくりだす力**」があります。これは特に6年で身に付けたい力です。

「『結果を書きましょう』という指示を出したのに、自分の考えまで混じってしまう子がいるんですよね」

このようなお悩み相談を受けることがあります。

結果は見たままの「事実」、考察は「結果から考えたこと」というのがよく言われる指導法です。しかし、そのままの言葉で子どもたちに伝えても、なかなか定着しないものです。そこで一つの手立てとなるものが定型文です。定型文を用いて指導される先生も多いでしょう。例えば、「結果は私の予想と（同じ・違って）〇〇になった。このことから～（学習問題に対応した答え）だと考えられます。」といった文言【予想と比べる＋事実＋考えたこと】です。ここでは、5年「植物の発芽」の実験を例にします。

学習問題

植物の発芽に水は必要なのだろうか。

結果

	A	B
水	あり	なし
結果	発芽した。	発芽しなかった。

考察

私は水だけでは、両方とも発芽しないと予想していたけど、予想とちがって、
予想と比べる
水を与えた種子は発芽し、水を与えなかった種子は発芽しなかった。
結果
このことから、発芽には水が必要であると考えられる。
（学習問題と対応するように）結果から考えたこと

結論

植物の発芽に水は必要。

このように、定型文を示せば、子どもたちの多くは考察が書けるようになるので、手立てとして即効性があります。しかし、ガチガチに指導してしまうと、どの子どもも同じような考察を書いてしまうことがあります。同じような考察がダメというわけではありませんが、自分なりの解釈が生まれにくくなる可能性があるでしょう。私も、理科を指導し始めた時は、このような定型文を用いて指導を行い、多くの子どもが考察を書けるようになったことに満足していました。しかし、ある時、子どもから「考察はほとんど穴埋めしているようなものだから、全然考えなくていい」と言われました。「そうか、子どもたちは機械的に埋めているだけで、あまり思考していないのか」と気付かされたのです。このことがきっかけとなり、整った美しい考察ではなく、泥臭くても、その子なりの解釈が表出されやすい考察指導に切り替えました。

それが、「結論を先に書いてしまう」という指導です。子どもたちは案外、実験の結果を見ると、簡単に結論を導きだせることが多いです。

そこで、結果➡結論の順にノートに書かせ、「なぜ、その結論に至ったのか？を分かりやすく説明してね」と伝えるようにしました。そのような指導に変更すると、子どもたちは「水を与えた種子は発芽して、水を与えなかった種子は発芽しなかったから」「土もいると思ったけど、水をしみ込ませた綿だけ

学習問題

植物の発芽に水は必要なのだろうか。

結果

先に結論！

	A	B
水	あり	なし
結果	発芽した。	発芽しなかった。

結論

植物の発芽に水は必要。

なんでそう、結論に書いたの？

だって……

★土がないと発芽しないと思っていたけど、水があるだけでも発芽したから。

★他の班の結果を見ても、みんな同じだったから。

ストップ！
だって……の
続きを書いてみて！

で発芽していたから」「他の班の結果を見ても、どの班も水を与えた方が発芽していたから」などと説明できるようになり、同じ実験内容でも、考察のバリエーションがずいぶんと増えました。

もちろん、この指導方法がよいと言い切ることはできませんが、考察指導の一つの方法として、知っておいて損はないと思います。子どもたちの実態によっては定型文が有効に働く時期もあれば、定型文がない方がより深い考察につながることもあるでしょう。大切なのは定型文の指導がよいとか悪いという二項対立で考えるのではなく、どちらの手段も使いこなせる指導者であることです。ぜひ、目の前の子どもたちの実態、成長の様子を見取りながら、考察指導をしてみてください。

また、「より妥当な考えをつくりだす」ためには、自然の事物・現象を多面的に考えることが大切です。例えば、１つの実験を基に考察するのではなく、２つ、３つと観察、実験をしている場合には、すべての観察、実験結果を基に考察を書くということです。また、自分の班の結果だけではなく、他の班の結果について触れながら考察することも、多面的と呼ぶことができるでしょう。今回は考察場面でのみ、この「多面的」を取り上げましたが、実験の方法を振り返ったり、再検討したりする場面においても重要な要素です。「自分や他の班の実験は、本当にこの結果でいいのか？」「考察でここまで言い切っていいのか？」などと、時には自分自身の考えを批判的に捉えることも「妥当な考えをつくりだす」ことにつながっていきます。

chapter2 06

【結論と振り返り】考察と結論の言葉がほとんど同じになる時は？＋振り返りの視点

「考察と結論（問題に対する答え）がほとんど同じ言葉になるのですが、これって大丈夫ですか？」

このような質問を受けることもあります。結論から言えば、まったく問題ありません。たとえ似たような文言になっていたとしても、考察と全体で導きだした結論には大きな違いがあります。考察は観察、実験の結果を分析して導きだした、自分なりの問題に対する答えです。一方、結論は、個人の考察を基に、全体でさらに考察を深めて導きだした、全体としての問題に対する答えです。子どもたちからすれば、同じ言葉を２回書いていると感じるかもしれませんが、そこに至るプロセスが違うということを説明すれば、納得してくれることでしょう。

振り返りの指導について、ぜひ取り入れたい視点があります。それは、「自分たちが予想を確かめるための観察、実験はこれでよかったのか？」という視点です。あるいは、実験結果が見通しと違った時に、「どこまではうまくいっていたのか？」といったことを考える視点です。

主体的に学習に取り組み態度の評価については、「❶ 知識及び技能を獲得したり、思考力、判断力、表現力等を身に付けたりすることに向けた粘り強い取組を行おうとしている側面」と「❷ ❶の粘り強い取組を行う中で、自らの学習を調整しようとする側面」の２つが示されています。

先ほど述べた視点で振り返りを書くことは、主体的に学習に取り組む態度の評価としての❷に当てはまります。よくある振り返りでは、「〜ということが分かった」という視点に終始しがちです。「何を学んだか」だけでなく、「どのように学んだのか」という視点で自分の学習を見つめ直すことが大切です。

参考文献

鳴川哲也ほか『小学校 見方・考え方を働かせる問題解決の理科授業』明治図書,2021

column1

問題解決的な学習を知るための　参考資料

chapter2では、理科の基本的な授業の流れである問題解決的な学習について解説しました。さらに詳しく知りたい方、「理科の見方・考え方」について学びたい方は、以下の資料も参考にしてみてください。

「理科指導ガイドブック　改訂版」

小学校理科教授用資料、啓林館、2021年4月

https://www.shinko-keirin.co.jp/keirinkan/sho/science/support/data/science_guidance_guidebook.pdf

学習指導要領の改訂に伴い、理科授業の変わらず大切にすべきことと、新たに大切にすべきことを整理。子どもも教師も、理科授業が楽しくなるようなポイントが詰まったガイドブック。

『イラスト図解ですっきりわかる理科』

鳴川哲也・山中謙司・寺本貴啓・辻　健、東洋館出版社、2019年1月

学習指導要領が目指している理科のポイントを、ゆる可愛いイラストや図で解きほぐした一冊。学習指導要領を読んでも何となくモヤモヤしていたことが、すっきりわかります。

『イラスト図解ですっきりわかる理科　授業づくり編』

鳴川哲也・山中謙司・寺本貴啓・辻　健、東洋館出版社、2022年3月

授業づくりの具体的なポイントをゆるく解きほぐしたイラスト図解シリーズの第２弾。理科授業を「知る」→「構想する」→「行う」→「振り返る」というプロセスに沿って、大切にしたいことが図解されています。

『図解＆資料でとにかくわかりやすい理科授業のつくり方』

田中翔一郎、理科授業サポートBOOKS、明治図書、2022年8月

学習指導要領のポイントや授業づくりの基礎基本、授業改善の仕方などを、図解や資料でわかりやすく解説した一冊。

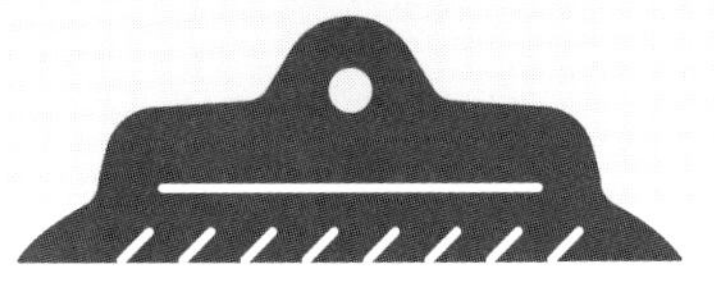

chapter 3

全学年で使える 厳選テクニック

chapter3

01 安全指導はこれで決まり！

理科の授業において、安全な観察・実験を行うためには、次の２つのことが大切です。

❶ 指導者が安全に配慮した授業を計画するために、予備実験や野外の事前調査を必ず行うこと。

❷ 子どもたち自身が自分の安全を守ろうとすること。

４年〜６年は、理科室での実験がほとんどです。４年以降は加熱器具や薬品を使う単元も登場するので、指導者が正しい知識をもって授業を計画することがとても大切です。３年に関しては、加熱器具や薬品は登場しませんが、野外での活動が多くなるので、事前調査がとても大切です。ただし、いくら指導者が安全確保に努めても、子どもたちにその気がなければ事故は残念ながら起きてしまうでしょう。指導者が子どもたちの安全確保に最大限努めるのはもちろんのこと、子どもたち自身の「自分の身は自分で守る！」という態度を養うことも大切です。

では、子どもたち自身の安全意識を高める手立てにはどのようなものがあるのでしょうか？ 私が考えた手立ては３つです。

１つ目は、教科書を利用する方法です。どの教科書においても、理科室のきまりが丁寧に記載されています。教科書を最大限に生かす方法は、ただ読むだけではなく、「なぜこのようなルールがあるのか」という理由を考えることです。「火を使う時に濡れた雑巾を用意するのはなぜなのか？」「実際、どのように使うのか？」そうしたことを考えたり、実際に試したりすることで、安全に対する意識を高めることができます。

２つ目は、服装についてです。次のイラストは、理科室で観察、実験を行う際の、理想的な服装を描いたものです。このイラストもただ理科室に貼っておくだけでは、景色の一部となってしまい、安全意識を高める効果は低いでしょう。ぜひ、こちらのイラストを紹介する際にも、「どうしてこのような服装をしなければならないのか？」「どうして、服はナイロンやフリース素材（化学繊維）ではなく、綿の方がよいのか？」ということを考えてみてください。ちなみに、後者の理由が分かるでしょうか？ 実験をすれば分かりますが、化学繊維は火に触れるとドロッと溶けてしまい、皮膚につくと大やけどにつながります。リスクを最小限に抑えるために、服の素材についても指導しておくのが好ましいです。

右の二次元コードから、化学繊維と綿の燃え方の違いを比較した動画をご覧いただけます。

➡動画①は
こちらから

理科室での安全のための服装

長いかみは
ゴムで結びます。

実験によっては
安全メガネをかけます。

※火を使う時はナイロンや
フリース素材の上着は脱
ぎます。

前がみが長い人はピンなどでとめます。

ファスナーやボタンは
しっかりとしめます。

火や薬品を使う実験の時は、
いすを机の中に片づけて、
立って実験しましょう。

そでが長い場合は
そでをまくります。

※火や薬品を使う実験をする時の服装の例です。

3つ目は、危険図というものを用いた指導です。危険図は、1980年に福岡教育大学の中村重太教授（当時）が作成されたものです[※]（本書に掲載しているものは、描き直したもの）。理科室での実験の様子を俯瞰的に見て、その危険な箇所を見つけることで、自身の危険察知能力を高められるものです。最近では、中学校の教科書でこの危険図を採用しているところもあります。この危険図を用いて、危険な箇所とその理由を考えることにより、安全意識を高めることができます。この図を、タブレット端末で子どもたちに送信することで、図に○を付けながら、危険探しをすることもできるでしょう。

※中村重太「自作hazards drawing による児童・生徒の加熱実験操作に関する安全意識調査－安全教育実践への一つの試み－」『日本理科教育学会研究紀要』20巻2号, pp.39-48,1980

もしもの時の応急処置

応急処置の方法を子どもたちに指導しておくことも重要です。例えば、やけどや薬品が手についた際には、必ず流水で洗い流すことを事前に指導しておきましょう。授業が終わった後に、「先生、実は熱いものを触ってしまいました」と事後報告に来る子どもがいます。この時、すでに水ぶくれができてしまっているかもしれません。やけどの場合は、とにかく早く冷やすことが鉄則です。少しでも熱いものを触ってしまった自覚があるならば、「まずは冷やす（自分で応急処置）→そして先生に報告する」という順番が大切だということを念入りに指導しておきましょう。また、目に薬品が入った際には、これもまたすぐに流水で洗い流すことが大切です。この際、水道にホースが付いていると、ホースを曲げて目を洗うことができ、とても便利です。**洗眼の際には穏やかな流水で、薬品の刺激がなくなるまで洗います。流水の勢いが強いと、かえって目を傷つけてしまうことがあるので注意しましょう。**

理科室の水道は水圧が強くなっているので、ホースが付いているのは、水をはねにくくするためです。また、消火の際に水をかけやすくするという理由もあります。ぜひ、一度ホースの点検をしておくことをおすすめします。

まずは冷やす　　先生に報告

もしも観察、実験中にやけどなどの事故が起きた場合には、たとえ軽度のものでも担任、養護教諭、管理職に報告し、その子どもの保護者にも連絡しましょう。担任でなくても、その子と関わる教員の一人として、直接保護者に状況説明をすることは信頼関係にも影響します。場合によっては、専門の医師に連絡を取って、診断を受けるようにしましょう。

また、フラッシュカードを用いた安全確認もおすすめです。よく理科室には「理科室のきまり」を示したものが掲示されています。しかし、掲示物というのは、よほど意識していないと景色の一部となってしまい、あまり意味を成しません。一方、フラッシュカードは、その時に必要な情報だけを掲示できるので即効性があります。例えば､火を使う時には「濡れ雑巾を用意」「いすを机の中へ入れて立って実験」「机の上をスッキリ」などを守ることが大切です。まだ加熱器具を使い慣れていない４年生を指導する際には、子どもたちとやりとりをしながら、フラッシュカードを用いて安全確認をするとよいでしょう。慣れてきたら、忘れがちな「濡れ雑巾」のみを提示するなど、段階的にフラッシュカードの数を減らしていき、最終的には、子ども自身が考えて動けるようになることが理想です。このフラッシュカードはラミネート加工したものを理科室にワンセット置いておけば、どの学年も使うことができて便利です。

フラッシュカード

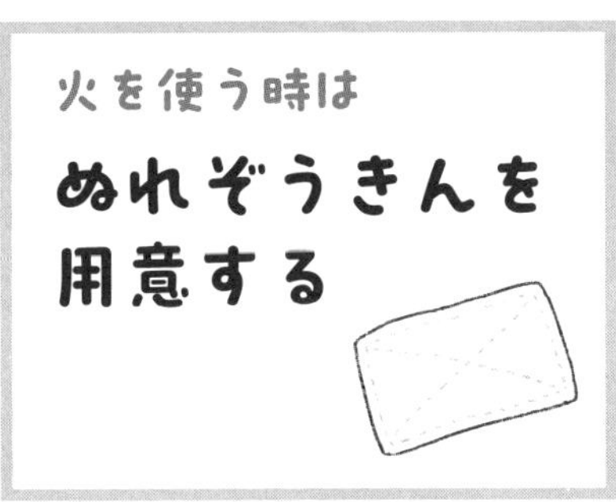

安全な服装例や危険図、フラッシュカードは東洋館出版社オンラインからダウンロードできます。ダウンロードの手順は本書の巻末をご覧ください。

また、理科室の使い方のルールとして「実験道具は一方通行で取りに来る」を徹底しておきましょう。このルールは、実験道具を子どもたちが準備する過程で、人とぶつかることを避けるために必要なものです。理科主任と相談し、全学年統一のルールとすると、より安全です。

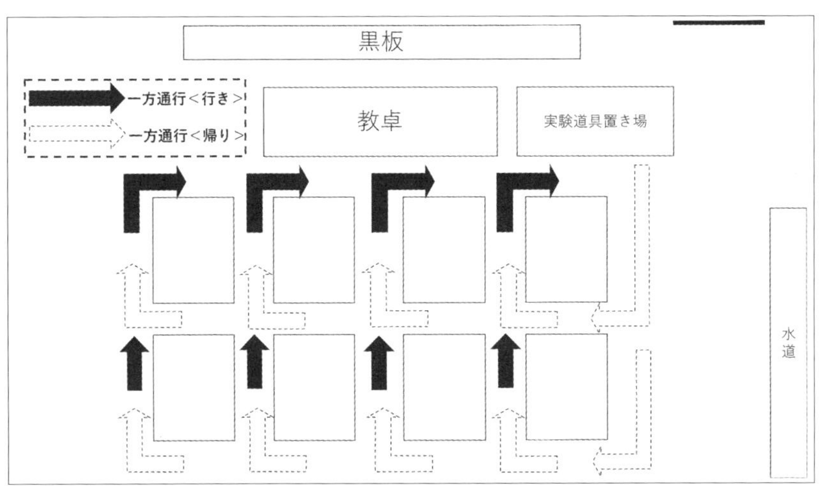

chapter3 02

簡単！ 導入のひと工夫

小学校の先生の多くは、ありとあらゆる手段を用いて、各教科の授業の導入を工夫されていると思います。例えば社会科では、資料の一部を隠して、子どもたちの興味を惹きつける、そのような工夫をしたことがある先生も多いのではないでしょうか？ 実は、このテクニックは理科でも十分使えます。ただし、理科の場合はこの「隠す」というテクニックを資料ではなく、実験に応用していきます。

例１▶▶４年「ものの温度と体積」

この単元の導入では、フラスコにポリスチレン製のやわらかい栓をして、容器をお湯につけることで、中の空気の体積が大きくなり、栓が飛び出す、といった実験を行うことがあります。この実験はとても面白いですが、いきなり子どもに道具を渡して……というのは少しもったいないです。せっかくなら、子どもたちが「私もやってみたい！」と思えるようなワクワクする導入にしてみましょう。

準備物

ダンボール、お湯を入れる容器、氷水を入れる容器、丸底フラスコ、
1.5Lペットボトル、ポリスチレン製のフラスコ栓

方法

❶ダンボールの中に２つの容器を入れ、１つはお湯（60℃程度）、もう１つは氷水を入れておく。
❷子どもたちの前で、ペットボトルにフラスコ栓をして、「この栓を飛ばす方法が分かる人いる？」と尋ねる。そうすると、「ペットボトルを押せばいい」という答えが返ってくるはずなので、実際にやってみて、飛ぶことを確認

する。

❸次に、「じゃあ、この丸底フラスコっていうガラスの道具に栓をしても同じように飛ばせるかな？」と尋ねる。この時、ペットボトルと違って変形しないことを確認すると、子どもたちは「それはできない」と答えることが多い。

❹子どもたちとのやりとりの後、「実はこの不思議な箱に入れると、栓が飛ばせるんだよ」と伝え、箱に入れる（この時、「箱の中は見せません！」と宣言しておくと、子どもたちは余計に気になるようになる）。箱の中では、まず栓をしていない状態の丸底フラスコを氷水に入れて冷やす、その後、栓をしめて、お湯につける。しばらくすると、ポンッという音とともに、栓が勢いよく飛び出す。

❺子どもたちは、「おおー！」という歓声とともに、箱の中身について想像を膨らませる。「湯気が見えたし、お湯を使っていたに違いない！」「なんか、温度が関係しているんじゃないの?!」そういったつぶやきを拾いつつ、中身を確認する。そして、子どもたちに単元名を伝え、子どもたちによる実験を始める。

私の経験上、このような流れで導入を行うと、普通に導入を行うよりも、実験に対する子どもたちの意欲が高まると感じます。「箱の中身は見せません！」の一言で、さらに中を見たいという心理的欲求が高まるのです（カリギュラ効果）。「隠す」というちょっとした工夫で、より素敵な導入に変身します。このテクニックを５年「もののとけ方」にも当てはめてみましょう。

➡動画②は
こちらから

例２▶▶５年「もののとけ方」

この単元の導入では、食塩をお茶パックに入れたものを用意し、水を入れたビーカーに入れて、食塩が溶ける様子（シュリーレン現象）を観察するといった実験が一般的です。この導入も子どもたちにとっては大変魅力的ですが、シュリーレン現象にばかり目がいってしまい、水中での食塩の「粒」の変化が分かりづらいという欠点があります。

そこで別の方法としておすすめしたいのが、透明の傘袋を実験用スタンドに取り付け、水を注ぎ（傘袋には先に、水や食塩を入れるための切込みを入れておく）、その長い筒状の傘袋の上部から食塩を数粒落とすという実験方法です。この実験は食塩一粒が水に溶けていく様子が観察しやすく、「食塩はなくなってしまったのか」「水の中に存在しているのではないか」という問題意識にもつながりやすいです。

さらに、ここでも「隠す」というテクニックをプラスしてみましょう。隠す部分は、傘袋の下部以外の部分です。このように、筒のほとんどを黒い紙で覆ってしまうと、上から入れた食塩が下部にたどり着いた時には、食塩が消えて、目に見えなくなってしまいます。

ここで指導者が「どんな風に消えたのかな？ 入れた瞬間に消えたの？」と聞くと、「少しずつ溶けたと思う！」などと答えるでしょう。「じゃあ、本当にそうなのか、黒い紙をとって実験してみましょう」と指示を出します。すると、子どもたちは食い入るように食塩の粒を目で追っていき、少しずつ小さくなる様子に気付くことができます。黒い紙で覆わなくても、十分に実験は可能ですが、黒い紙で覆うというワンクッションを挟まないと、食塩の粒をたくさん入れることに夢中になってしまい、ここでもまた、食塩の行方に目が行きにくい子どもが出てきてしまいます。視点を定めるということにおいても、「隠す」というテクニックは非常に有効なので、ぜひ試してみてください。

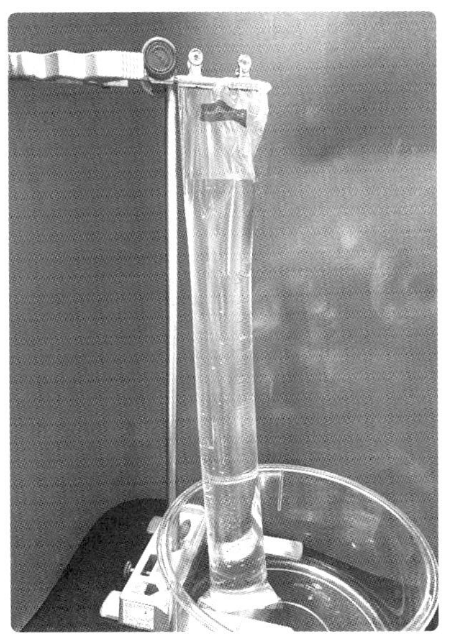

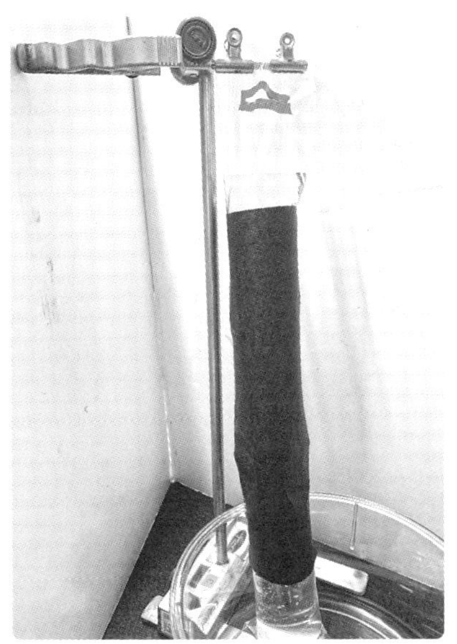

➡動画③は
こちらから

column2

理科室の座席配置

理科室の座席配置はどのようにしていますか？ 私は、基本的には担任の時と同じように、学期はじめは名簿順、顔と名前が一致したら、視力などを考慮し、理科室専用の座席配置にしていました。

頻度としては、単元が１つ or ２つ終わったら席替えというルールにしていました。最初は何も考えずに１ヶ月に１回のつもりでいましたが、単元の途中で班が変わると、自分が育てていたインゲンマメと違うものを観察する、など不具合が生じてしまったのです。よく考えれば、分かる話なのですが（笑）

一方、時短のために、教室と同様の班にしているという先生も多いです。担任の先生が決めた班の方が、人間関係なども考慮されているというメリットもあるでしょう。デメリットを上げるとすれば、子どもたちの気分が変わらないということでしょうか。

「理科室専用の座席」or「教室の班と揃える」それぞれによさがあります。双方のメリット・デメリットを踏まえ、目の前の子どもたちにとってのベストを考えていきましょう。

ちなみに、これまでお聞きした先生の中には、実験ごとにランダムに席替えをしている方もいました。メリットとして、次のような点が挙げられるそうです（情報提供：森脇瑞貴先生）。

- メンバーを固定しないことで、役割が流動的になり、活躍機会が増える。
- 子ども同士の関係づくりにも作用する（理科の授業がきっかけで新しく友達ができたと振り返る子もいる）。
- 男女比を固定すると、女子の活躍機会が減ることが多いが、男女比もランダムなため、女子の活躍機会が増える。

席替え一つをとっても、いろいろな工夫ができそうですね。

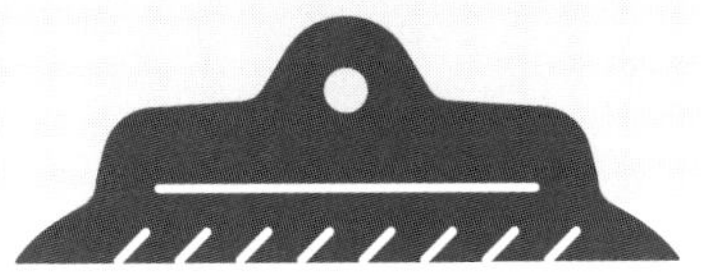

各学年のあるある お悩み相談 Q&A

❶観察カードの書き方はどう指導する？

内容「身の回りの生物」

身の回りの生物について、探したり育てたりする中で、それらの様子や周辺の環境、成長の過程や体のつくりに着目して、それらを比較しながら調べる活動を通して、次の事項を身に付けることができるよう指導する。

ア 次のことを理解するとともに、観察、実験などに関する技能を身に付けること。
　(ア) 生物は、色、形、大きさなど、姿に違いがあること。また、周辺の環境と関わって生きていること。
　(イ) 昆虫の育ち方には一定の順序があること。また、成虫の体頭、胸及び腹からできていること。
　(ウ) 植物の育ち方には一定の順序があること。また、その体は根、茎及び葉からできていること。

イ 身の回りの生物の様子について追究する中で、差異点や共通点を基に、身の回りの生物と環境との関わり、昆虫や植物の成長のきまりや体のつくりについての問題を見いだし、表現すること。

Q 観察カードの指導がイマイチよく分かりません……。

A 観察の前に一度、何も見ずにこれから観察するものを描くよう指示してみるといいですよ。

理科における観察は、あくまでも問題を解決するために行うものです。子どもたちが諸感覚を用いながら、視点をもって見通しのある観察ができるように指導、支援していくことが大切です。

具体的に一つの単元を例に説明します。「昆虫を育てよう」の単元では、「成虫の体は頭、胸及び腹からできていること」を学習します。育ててきたモンシロチョウや他の昆虫を比較することが大切となる場面です。この時、ただ「モンシロチョウを観察しましょう」と指示を出すのではなく、「モンシロチョウの絵をまずは何も見ずに描いてごらん」と指示を出してみましょう。子どもたちは、きっと「何となく」で描くことになるでしょう。中にはまったく描けない子も出てくるかもしれませんし、足がどこから生えているのか、何本あるのかが分からない子も出てくるかもしれません。この「困り感」が実物をしっかりと観察したいと思わせる原動力となります。最初から観察を始めるのではなく、一度頭に思い浮かべることで、曖昧な点が明らかとなり、観察の視点が定まっていくのです。このテクニックは植物単元でも応用ができます。タブレット端末を用いて、観察前の昆虫や植物の絵を集約することで、子どもたちの発言が活発になることもあります。もちろん見られたくない児童もいると思うので、その点は配慮が必要です。

このように観察カードの指導として、必ずスケッチしてほしい、気付いてほしい視点を子どもたちがもてるように工夫することが大切です。時には、「色・形・大きさ」などを視点として与えてしまうことも必要でしょう。その単元で必要な内容をあらかじめ指導者が理解し、どのような観察カードが描ければ、目標達成なのかをイメージするようにしましょう。

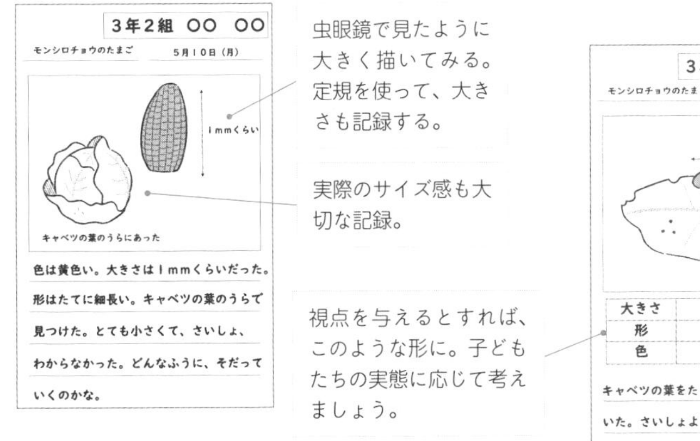

ちなみに、「卵がかえって、とてもうれしいです。これからキャベツの葉を食べてどんどん大きくなってほしいです。」このようなことが書かれていると、モンシロチョウへの愛情が伝わってきます。しかし、このような記述は極端な話、観察をしなくても書ける内容です。理科の学習では観察から得た事実を書くことがとても重要です。自然を愛することは素晴らしいことですが、書く内容が愛情表現ばかりにならないよう、時には視点を与え、観察することも大切です。

❷校内に昆虫がいない！

内容「身の回りの生物」

身の回りの生物について、探したり育てたりする中で、それらの様子や周辺の環境、成長の過程や体のつくりに着目して、それらを比較しながら調べる活動を通して、次の事項を身に付けることができるよう指導する。

ア 次のことを理解するとともに、観察、実験などに関する技能を身に付けること。
- (ア) 生物は、色、形、大きさなど、姿に違いがあること。また、周辺の環境と関わって生きていること。
- (イ) 昆虫の育ち方には一定の順序があること。また、成虫の体頭、胸及び腹からできていること。
- (ウ) 植物の育ち方には一定の順序があること。また、その体は根、茎及び葉からできていること。

イ 身の回りの生物の様子について追究する中で、差異点や共通点を基に、身の回りの生物と環境との関わり、昆虫や植物の成長のきまりや体のつくりについての問題を見いだし、表現すること。

Q 生き物を扱うことが多い学年ですが、校内にあまりいません。

A 最低限、モンシロチョウ(アゲハチョウ)、アリ、ダンゴムシ、バッタなどがいれば、授業は成立します！ 校内にこだわる必要もないですよ。

3年の理科を指導することになった場合、校内のどこにどんな昆虫がいるのかをチェックすることがとても大切です。「生き物がどんなところに潜んでいるのか」「昆虫がどのように育っていくのか」などを学習するからです。

もしも、校内に昆虫があまりいなければ、これまでの学年がどのように昆虫単元を進めていたかを、情報収集しておく必要があります。私が以前、勤務していた学校では、校区内の公園に出かけて、単元を進めていたこともありました。

また、モンシロチョウがやってくるように、前年度からキャベツが植えられていれば、「昆虫を育てよう」の単元が進めやすくなります。ここは要チェックです。仮にモンシロチョウの卵（もしくはアゲハチョウ）が校内で手に入らない場合は、残念ながら、自分自身で探しに行かざるを得ないです。

モンシロチョウは、アブラナ科の植物に卵を産み付けます。河川敷に行けば、日本全国どこにでも分布しているセイヨウカラシナというアブラナ科の植物があるはずです。セイヨウカラシナの葉にはモンシロチョウの卵が産み付けられている可能性があるので、校内で入手できない場合は、河川敷に向かうとよいでしょう。

ただし、ここでの注意点として、幼虫はできるだけ採らずに、卵を持ち帰るようにしてください。なぜなら、モンシロチョウの幼虫は、寄生されている可能性が高いため、蛹になった後、モンシロチョウが羽化せずに、アオムシやコマユバチなど別の生き物が出てきてしまうことがあるからです。自然の摂理を勉強する機会にはなりますが、できれば子どもたちがガッカリする様子を見たくないという先生も多いでしょう。モンシロチョウは卵から育てることを基本としてください。

セイヨウカラシナ

また、生き物のすみかを調べることに関しては、多くの生き物を見つける必要はありません。チョウが花のまわりに多いこと、バッタが草むらにいること、ダンゴムシが石の下に潜んでいること、これくらいで十分です。それらの生き物がどうしてそこにいるのかを考えることが大切です。

教科書に出てくるような生き物がいない……と悲観することなく、まわりにいる生き物で授業をデザインしていきましょう。

❸天気に左右される単元はどうする？

内容「太陽と地面の様子」

太陽と地面の様子との関係について、日なたと日陰の様子に着目して、それらを比較しながら調べる活動を通して、次の事項を身に付けることができるよう指導する。

ア 次のことを理解するとともに、観察、実験などに関する技能を身に付けること。
　(ア) 日陰は太陽の光を遮るとでき、日陰の位置は太陽の位置の変化によって変わること。
　(イ) 地面は太陽によって暖められ、日なたと日陰では地面の暖かさや湿り気に違いがあること。

イ 日なたと日陰の様子について追究する中で、差異点や共通点を基に、太陽と地面の様子との関係についての問題を見いだし、表現すること。

内容「光と音の性質」

光と音の性質について、光を当てたときの明るさや暖かさ、音を出したときの震え方に着目して、光の強さや音の大きさを変えたときの違いを比較しながら調べる活動を通して、次の事項を身に付けることができるよう指導する。

ア 次のことを理解するとともに、観察、実験などに関する技能を身に付けること。
　(ア) 日光は直進し、集めたり反射させたりできること。
　(イ) 物に日光を当てると、物の明るさや暖かさが変わること。
　(ウ) 物から音が出たり伝わったりするとき、物は震えていること。また、音の大きさが変わるとき物の震え方が変わること。

イ 光を当てたときの明るさや暖かさの様子、音を出したときの震え方の様子について追究する中で、差異点や共通点を基に、光と音の性質についての問題を見いだし、表現すること。

Q 天気が悪くて、単元が進められません！

A 雨プランも用意しておきましょう。

3年は天気に左右される単元が非常に多いのが特徴です。理科専科の苦しいところの一つに、晴れていないとその時間、学習が進まないことが挙げられます。担任であれば、違う学習にチェンジしてということも容易ですが、専科の場合はそうはいきません。そこで、雨プランも考えておくのが得策です。プリントなどを用いたこれまでの復習でも問題ないですが、せっかくならば単元に関係がある方がいいでしょう。単元に関係のある雨プランを2つ考えてみました。

例１ ▶▶「太陽の動きと地面の様子」

太陽の動きを観察しようと思ったのに、天気が悪くてできない場合

準備物 画用紙・鉛筆・粘土・懐中電灯

「どうして影が動くのか？」という問題に対しての予想をより明確にするために、LEDライトを太陽の光に見立てて、モデル実験で再現してみましょう。粘土に立てた鉛筆の後方からライトを当てると、影をつくることができます。また、LEDを当てる角度によって、影の長さが変化することも分かるため、影の長さに疑問を感じた子どもにとっても、疑問を解消しやすい実験でもあります。実際に、太陽の動きや影の動きを観察したことを基に、モデルで一連の流れを再現するという展開例も考えられます。

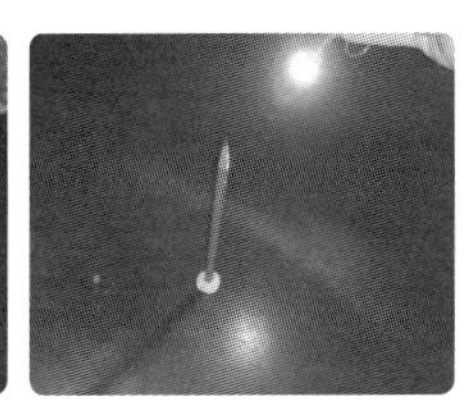

例２ ▶▶「光の性質」

鏡を使って、太陽の光を反射させ、明るさや温かさを調べる実験ができない場合

準備物 鏡・光源となるもの

鏡で光を反射させる練習をします。外で実験をする際にも、どの光が自分のものなのかが分かりにくいことがあるので、事前に教室で練習をしておくことで、外での説明が省けます。

このようにハート形などに切り抜いた紙を鏡に貼っておくと、自分の光がさらに分かりやすくなるでしょう。

教室の明るさによっては、反射した光が見えにくい場合があります。暗幕がある理科室で行うのが確実です。事前に天気を確認しておき、あやしい場合は理科室が使えるように調整しておきましょう。

❹結果から考察につなげるには？ ―ICT端末の活用

内容 「風とゴムの力の働き」

風とゴムの力の働きについて、力と物の動く様子に着目して、それらを比較しながら調べる活動を通して、次の事項を身に付けることができるよう指導する。

ア 次のことを理解するとともに、観察、実験などに関する技能を身に付けること。
 (ア) 風の力は、物を動かすことができること。また、風の力の大きさを変えると、物が動く様子も変わること。
 (イ) ゴムの力は、物を動かすことができること。また、ゴムの力の大きさを変えると、物が動く様子も変わること。

イ 風とゴムの力で物が動く様子について追究する中で、差異点や共通点を基に、風とゴムの力の働きについての問題を見いだし、表現すること。

Q 結果を学級で集めるところまではいいのですが、そこからどのように考察につなげばいいのか分かりません。

A 散布図が便利です！ 丸シールとグラフで作成 or ICT端末を活用しましょう。

結果を学級で共有する際に便利な「散布図」を紹介します。例として「風とゴムのはたらき」を取り上げます。この単元では、風の強さやゴムの引っ張り具合で、車の進む距離がどのように変わるのかを調べます。

その際に、各個人のデータを集約するのが結構大変です。個人の結果を全体で集めても、どのように考察にもっていけばよいか困った経験のある先生もいるのではないでしょうか。そんな時に便利なグラフが散布図なのです（一部の教科書では、この方法がスタンダードにもなっています）。

以前は、模造紙などにグラフを書いて、シールを貼って、というようなことをする必要がありました。しかし、１人１台端末の普及で、こうした散布図も Excel やスプレッドシートを用いれば、子どもたちが数値を打ち込んだ瞬間にたちまち出来上がるようになりました。表やグラフを子どもたち自身が作れるようになるのが理想ではありますが、最初からできることではありません。まずは、指導者が作成して、子どもたちが使用する中でよさを実感し、自分たちでも表やグラフが作れるようになりたいと思えることが大切です。他教科との連携を図りながらICTの技能を高めていきましょう。

散布図のよい点はエラーデータが視覚的にすぐ分かる点です。例えば図を見ると、ゴムを10cm伸ばした時の結果が明らかに違うものが見つかります。その理由を考えることで、より深い考察をすることができます。

ゴムの伸ばし方と距離の関係

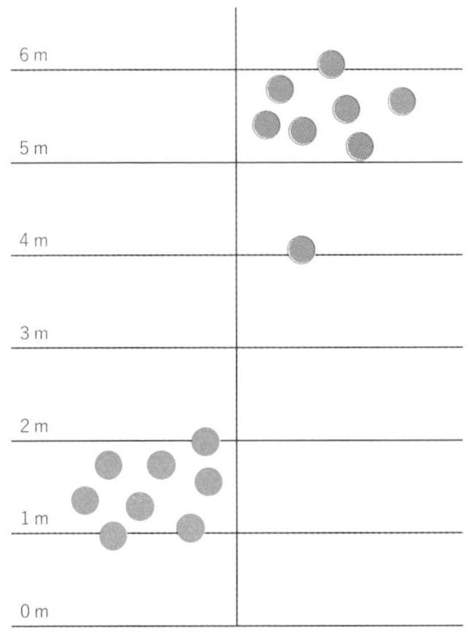

1つの班だけ
結果が
違ったのは
どうして？

また、傾向を読み取りやすいという点もメリットとして挙げられます。この方法を本単元だけで使うのはもったいないです。例えば、光の学習では「鏡で跳ね返した光を重ねた時の温度」、磁石の学習では「磁石とクリップの間に段ボールを入れた時のクリップの付き方」など、量的・関係的な概念を扱う場面で非常に使いやすいです。この方法は、4年、5年、6年と様々な場面で活用できます。特に活用できるのは、5年の振り子の学習です。ほとんどの教科書で、この散布図を使う方法が紹介されています。ぜひ、3年の段階からこの結果のまとめ方を使ってみてください。

ダンボールを間に入れた時の磁石とクリップの付き方の関係

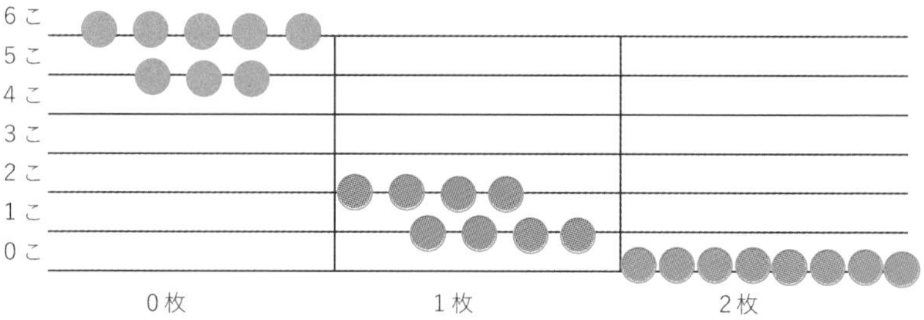

6こ
5こ
4こ
3こ
2こ
1こ
0こ
0枚　1枚　2枚

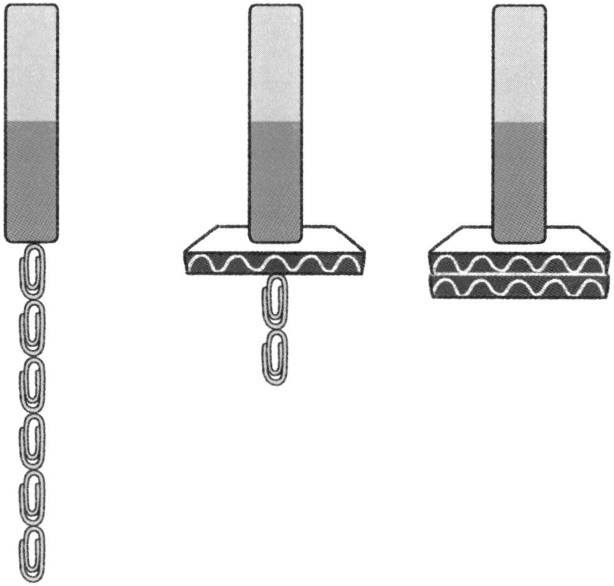

Microsoft365 の Excel を用いた最も基本的な散布図の作り方を動画にしています。これまであまり表計算ソフトを使ってこなかったという先生は参考にしてみてください。

➡動画④は
こちらから

3年 ❺スパンコールが動かない！——音の性質

内容「光と音の性質」

光と音の性質について、光を当てたときの明るさや暖かさ、音を出したときの震え方に着目して、光の強さや音の大きさを変えたときの違いを比較しながら調べる活動を通して、次の事項を身に付けることができるよう指導する。

ア 次のことを理解するとともに、観察、実験などに関する技能を身に付けること。
- ㋐ 日光は直進し、集めたり反射させたりできること。
- ㋑ 物に日光を当てると、物の明るさや暖かさが変わること。
- ㋒ 物から音が出たり伝わったりするとき、物は震えていること。また、音の大きさが変わるとき物の震え方が変わること。

イ 光を当てたときの明るさや暖かさの様子、音を出したときの震え方の様子について追究する中で、差異点や共通点を基に、光と音の性質についての問題を見いだし、表現すること。

Q 糸電話の実験で、糸にスパンコールを通して、声を出しても、スパンコールがなかなか動きません。

A スパンコールを動かしやすくする方法はありますが、特にその実験にこだわる必要はないです。

「音のふしぎ」の学習では、音が伝わる時のものの震え方を、糸電話を使って調べます。糸電話自体を用いた実験はどの教科書にも登場していますが、教科書によって何をどのように調べるのかは様々です。例えば、大日本図書では、糸電話の糸にスパンコールを通し、紙コップを口にあて、声を出してスパンコールの動きを調べています。学校図書ではスパンコールは用いず、糸の震えを直接、手で触って調べています。また、教育出版では、糸電話の聞く方のコップを床に置き、その紙コップにビーズをのせ、声を出した時に、ビーズが動くかどうかを調べています。

このように、実験方法が異なる理由は、兎にも角にも、「学習指導要領の目標を達成できれば、その方法は一つでなくてよい」というところにあります。学習指導要領には**「物から音が出たり伝わったりするとき、物は震えていること。また、音の大きさが変わるとき物の震え方が変わること」**と記載されています。また、学習指導要領解説理科編には、「音の伝わりを捉える活動としては，鉄棒や糸電話などを使うことなどが考えられる」という程度しか記載されていません。つまり、細かな実験方法は各教科書会社に委ねられているのです。もしも、見た目で糸の震えが分かりにくければ、糸を手で触ってみればよいのです。視覚だけに頼らず、触覚を使うことも理科の学習では大切です。「いやそれでも、教科書ベースが進めやすい」という先生のために、スパンコールの実験に関する補足情報をお伝えしましょう。実は、以下の情報は、スパンコールを用いた実験を扱う大日本図書のホームページに記載されています。

> 使う糸は細いものを使うと震えが伝わりやすくなり、スパンコールが動きやすくなります。他にも、糸の代わりに、テグスなど表面が滑らかなものを使うとよりスパンコールが動きやすくなります。 声を出す時は、紙コップを頬にしっかりと密着した状態で声を出すように指導すると、震えが伝わりやすくなります。 糸電話に使う紙コップは、大きめのものを使うとより震えが伝わりやすくなります。
>
> 小学校 理科 よくある質問 | 大日本図書 https://www.dainippon-tosho.co.jp/rika/faq.html

知らない方も多いかもしれませんが、このように各教科書会社のホームページには、有益な情報が掲載されています。よくある質問集だけでなく、授業で使える資料を提供している会社もあるので、一度、各教科書会社のホームページをチェックしてみるといいと思います。

今回は、「音のふしぎ」の教材を例に挙げましたが、他の学年や単元においても教科書会社によって、実験内容が少しずつ異なります。もしも、他の教科書を見ることができる場所（教育センターや教育大学系の附属図書館など）があれば、行ってみることをおすすめします。

4年 ❶アルコールランプの指導はまだ必要？

内容「金属、水、空気と温度」

金属、水及び空気の性質について、体積や状態の変化、熱の伝わり方に着目して、それらと温度の変化とを関係付けて調べる活動を通して、次の事項を身に付けることができるよう指導する。

ア 次のことを理解するとともに、観察、実験などに関する技能を身に付けること。
- (ア) 金属、水及び空気は、温めたり冷やしたりすると、それらの体積が変わるが、その程度には違いがあること。
- (イ) 金属は熱せられた部分から順に温まるが、水や空気は熱せられた部分が移動して全体が温まること。
- (ウ) 水は、温度によって水蒸気や氷に変わること。また、水が氷になると体積が増えること。

イ 金属、水及び空気の性質について追究する中で、既習の内容や生活経験を基に、金属、水及び空気の温度を変化させたときの体積や状態の変化、熱の伝わり方について、根拠のある予想や仮説を発想し、表現すること。

Q アルコールランプってまだ指導するんですか？ 実験用ガスコンロでも事故が起きるって聞いたけど、実験用ガスコンロを使っておけば安全じゃないんですか？

A 明確な意図がないのなら、アルコールランプの指導は必要ありません。実験用ガスコンロも安全指導はしましょう。

4年では、いよいよ本格的に理科室を使って観察、実験を進めることになります。最大の特徴は、粒子領域の学習で加熱器具が登場することでしょう。はじめての理科室指導で、マッチやアルコールランプを使っている先生を見かけます。しかし、マッチやアルコールランプは本当に指導すべきものなのでしょうか？ 私は無理に、この2つを指導する必要はないと思っています。よく考えてみてください。みなさんマッチを普段から使いますか？ 実験用ガスコンロがあるのに、わざわざアルコールランプで実験をしていますか？ おそらく答えはノーでしょう。もちろん明確に意図があるなら、これらの指導は無駄にはならないと思います。

例えば、マッチで手先の訓練をしたり、発火の原理について関心をもたせたりしたい、アルコールランプは実験用ガスコンロに比べて穏やかに加熱ができるし、ガスコンロに比べて小さいので省スペースにつながる、など今後の学習に生きる可能性があるならば、きっと価値はあるでしょう。しかし、「自分が昔使っていたから、まずはマッチやアルコールランプを指導しなければ」という発想であれば、それはまったく必要ありません。今一度、本当に指導が必要かどうかを判断しましょう。

アルコールランプの燃料には気を付けて

仮にアルコールランプを使って実験をするのであれば、アルコールランプ用の燃料には気を付けてください。アルコールランプ用の燃料として販売されている薬品は、多くの場合がメタノールです。一文字違いで、エタノールという薬品も存在しますね。小学校では、エタノールは葉の脱色の際に使われることがありますが、これを時々、メタノールで行う先生がいます。メタノールは毒性が高く、過剰に摂取すれば、最悪失明などの危険性を含むものです。最近では、そのような危険性にも配慮し、アルコールランプ用の燃料にもエタノールを主成分としたものが売られています。アルコールランプを指導しようと思う先生は、燃料にも配慮するようにしましょう。

実験用ガスコンロでも事故は起きる

ちなみに実験用ガスコンロでも、安全面に注意は必要です。ガスボンベの構造はご存知でしょうか？ 実は、ガスボンベはこんな構造をしています。

ガス管が上向き

※空のガスボンベをカットしたもの

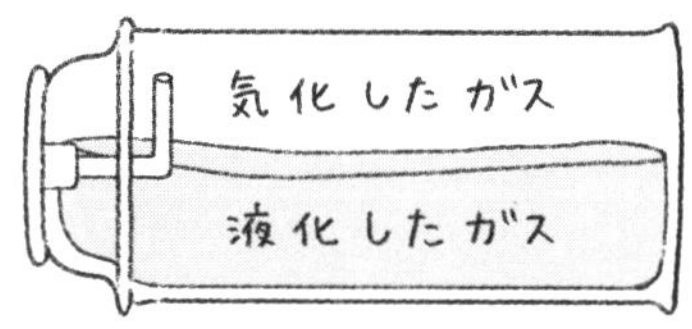

ガスボンベはこのように寝かせた時に、下半分が液状のガス、上半分が気体状のガスになっています。正しく実験用ガスコンロに刺さなければ、ガス管が上を向かず、液体が噴出してしまう危険性があります。また、このガスボンベ自体が温まることで、中の液体がどんどん気化してしまい、ボンベが

爆発するといった事故が起きることもあります。実験用ガスコンロの上に、ボンベを覆うほどの大きなフライパンなどを置いてはいけないという注意書きがあるのは、このためです。このように、アルコールランプに比べて安全性が高そうな実験用ガスコンロであっても、安全には十分な配慮が必要です。

また、よく実験用ガスコンロの片付け方として、忘れがちになってしまうことがあります。これは、ある教科書から引用した、実験用ガスコンロの片付け方です。最後の一行に何が書かれていると思いますか？

> **つまみを「消」まで回して火を消す。火が消えていることをしっかりたしかめる。**
> **ガスこんろやガスボンベが冷めたら、ガスボンベを外す。**
> ？

実は最後の一行には「**（ガスボンベを）外した後、もう一度つまみを「点火」まで回して、中に残ったガスを燃やす**」と書かれているのです。理科実験機器として扱う実験用ガスコンロは2種類存在していますが、どちらの製品でも、ガス管にガスが残る仕様となっています。もしも休み時間に、次の理科の授業に向けて子どもがやってきて、何となく近くにあったガスコンロのつまみを回してしまったとしたら……たとえボンベを抜いていても、大きな事故につながるかもしれません。子どもたちにしっかりと後片付けの方法まで指導しておきましょう。

また、「**カセットコンロは10年で買い替えを検討しましょう**」と、一般社団法人日本ガス石油機器工業会より提唱されています。使用頻度に関わらず、部品の劣化（ゴムパッキンなど）によりガス漏れが起こることがあるようです。これまでに、ガス漏れによる事故も起こっているので、コンロやボンベのチェック、換気の徹底をしっかり意識しましょう。ちなみにガスボンベの切り込み部分が落下により変形した場合などもガス漏れの原因の一つになるので、使用は控えるようにしましょう。

変形

➡動画⑤は
こちらから

引用文献

有馬朗人ほか『たのしい理科４年』大日本図書、2019

❷校庭の土と砂場の砂に違いがない!?

内容「雨水の行方と地面の様子」

雨水の行方と地面の様子について、流れ方やしみ込み方に着目して、それらと地面の傾きや土の粒の大きさとを関係付けて調べる活動を通して、次の事項を身に付けることができるよう指導する。

ア 次のことを理解するとともに、観察、実験などに関する技能を身に付けること。
　(ア) 水は、高い場所から低い場所へと流れて集まること。
　(イ) 水のしみ込み方は、土の粒の大きさによって違いがあること。

イ 雨水の行方と地面の様子について追究する中で、既習の内容や生活経験を基に、雨水の流れ方やしみ込み方と地面の傾きや土の粒の大きさとの関係について、根拠のある予想や仮説を発想し、表現すること。

Q 校庭の土と砂場の砂を比較しても、粒の大きさにあまり違いが見られません。教科書では砂場の方が、粒が大きいと書かれているのですが。実験の結果も教科書とは逆転してしまいました。

A 校庭や砂場の砂を少し掘ったものを使用してみましょう。それでも粒のサイズが変わらなければ、購入を検討しましょう。

４年「雨水のゆくえ」の学習では、「どうして校庭には水たまりができる部分があるのに、砂場には水たまりができないのか？」「粒の大きさの違いによって、しみこみ方が違うのではないか？」という問題を解決するために、校庭の土と砂場の砂を比較し、水のしみ込み方を調べていきます。

子どもたちは土と砂という表現の違いに戸惑うかもしれませんが、この単元ではあまり細かく扱う必要はありません。詳細は６年で学習するからです。「校庭は土、砂場は砂」という言葉の使い分けを指導者が提示することで、十分です。実際には、岩石が砕けたものを、粒の大きさの違いによって礫・砂・泥というように分類します。土と砂は以下のように定義されます。

土：礫・砂・泥や有機物が混じったもの
砂：2mm 以下 0.0625mm 以上（グラニュー糖程度）

まずは、校庭の土に水を流し込んでみて、水がしみこむという事実を確認します。その後、「水はしみこむのに、どうして水たまりができるのか？ 砂場では、どうして水たまりができないのか？」を考えるために、校庭の土と砂場の砂を観察してみます。教科書通りの展開で行けば「校庭の土より砂場の砂の方が、粒が大きいため、水がしみこみやすいのではないか？」と予想し、実験をすることになります。

ここで、問題となるのが、そもそも校庭の土と砂場の砂の大きさに差がない場合があるということです。実際の校庭で採取した土の多くは、粒の大きさが均一でなく、小石や砂が混じっている場合が多いです。逆に砂場の砂に運動場の土が紛れ込んでしまっていることも多々あります。このような状況下では、子どもたちが観察から、粒の大きさとしみこみ方の関係を見いだすことができない場合があります。そこで、以下のような解決策が考えられます。

❶ 校庭の土、砂場の砂、ともに少し掘ったものを使用する。それでも粒の大きさに明確な差がない場合は、運動場の土をふるいにかけて、粒の大きいもの（2mm 以上）を除去しておく。
❷ 土と砂を購入してしまう。

❶に関しては、表面には様々な粒が混ざっている場合があるので、少し掘ったものを使うことで解決することもあります。また、校庭の土は粒同士がくっつき、大きな粒に見えてしまうことがあるので、潰しておくことも大切です。それでも、差が見られない場合は、校庭の土をふるいにかけて 2mm 以上のものを除去しましょう。ふるいは、100 円ショップやホームセンターで入手できます。❷の方法を取る場合には、ホームセンターなどで真砂土や砂（洗い砂）を購入するとよいでしょう。ただし、購入した真砂土にも、粒の大きいものが含まれているので、ふるいにかけるようにします。購入した真砂土や砂（洗い砂）を比較すると、粒の大きさが明らかに異なるので、粒の大きさとしみこみ方との関係性を見いだしやすくなります。

また、校庭の土と砂場の砂を観察する際には、見た目だけの比較だけでなく手触りも合わせて調べておけば、粒の大きさの違いをより実感できます。

さあ、ここまできて、いよいよ実験です。長い道のりでしたね！ 実験器具に関しては、各教科書会社でバラバラですので、自治体内でお使いの教科書の実験方法を参考にしてください。

この実験においても、事前に気を付けなければならないことがあります。それが「しみこむ」という言葉の概念です。実験後、子どもたちに校庭の土と砂場の砂、「どちらがよくしみこむか？」と尋ねると、答えがバラバラになることがあります。これは、子どもによって、「土や砂の上の水がすべて速くなくなった方を（上から下に移動した）をよくしみこむ」と捉える場合もあれば、「土や砂に水がたくさん保たれている状態（保水力）をよくしみこむ」と捉える場合があるからです。「どちらがよくしみこむか？」ではなく、「どちらが速くしみこむ（水たまりがなくなる）か？」また、「しみこむ＝注いだ水がすべて土や砂の中に入り、上には水がなくなった状態」といったことを必ず共通理解してから実験に取り組むようにしましょう。

また、実験後に、校庭の土を通り抜けた水と砂場の水を通り抜けた水を比較すると、後者の方が濁っていることに気付く子どももいます。なぜ、土を通り抜けた水の方がきれいなのか？ これは、土（粘土）が汚れを吸着して水をきれいにすることが原因のようです。面白い視点ではありますが、今回の実験には直接関わるところではないので、授業時間内では深堀りすることを避けたほうがよいでしょう。しかし、指導者が知識として知っておいた方がよい内容ではあります。ちなみに一度、水で洗った砂であれば、砂を通り抜けた水も透明な状態になります。

参考URL

お茶の水女子大学　理科教材データベース　https://sec-gensai.cf.ocha.ac.jp/2209

4年 ❸月の観察時間が取れない！

内容「月と星」

月や星の特徴について、位置の変化や時間の経過に着目して、それらを関係付けて調べる活動を通して、次の事項を身に付けることができるよう指導する。

ア 次のことを理解するとともに、観察、実験などに関する技能を身に付けること。
　(ア) 月は日によって形が変わって見え、１日のうちでも時刻によって位置が変わること。
　(イ) 空には、明るさや色の違う星があること。
　(ウ) 星の集まりは、１日のうちでも時刻によって、並び方は変わらないが、位置が変わること。

イ 月や星の特徴について追究する中で、既習の内容や生活経験を基に、月や星の位置の変化と時間の経過との関係について、根拠のある予想や仮説を発想し、表現すること。

Q 上弦の月を観察させたいのですが、時短勤務のため授業時間中に観察させることができません。どうしたらよいでしょうか？

A 担任の先生に観察をお願いしたり、家庭学習として、保護者の方へ協力を依頼したりしましょう。

観察時間

４年「月と星」の学習では、上弦の月や満月を観察する必要があります。月の形が変わっても、月の動きが変わらないことを観察の結果から見いだすためです。ここでも、専科特有の悩みが出てくることがあります。それが、観察したい時に授業が入らないという問題です。他学年との授業の兼ね合いや育児時短勤務のために、午後の観察ができない……など理由は様々あるでしょう。上弦の月は14時頃と15時頃、20時頃と21時頃に観察ができると理想的です。夜間の観察に関しては、保護者に協力を依頼せざるを得ません。では14時頃と15時頃の観察はどうすることがベストなのでしょうか？

対応策

まずは事前に、月の観察方法を授業時間内に指導します。また、夜間の観察（20 時頃と 21 時頃）に関しては、お便りなどを使って保護者に協力を依頼し、家庭学習とします。

その上で、以下の 2 つの方法が現実的でしょう。

❶ 上弦の月が見られる日が平日で、担任が協力できる場合
14 時と 15 時の観察は担任にお願いし、指導してもらう。

❷ 上弦の月が見られる日が休日の場合
14 時と 15 時の観察も保護者に協力を依頼し、家庭学習とする。

ただし、夜間の観察も含め、家庭学習の場合はそれぞれの家庭事情もあるので、強制はしないように気を付けましょう。観察結果を持ち寄る際にも、できていない子どもがいることを大前提とし、授業を組み立てておきます。

観察結果を持ち寄って

授業内では、観察できた子どもたちの結果の集約からスタートし、教科書の資料（実際に指導者が撮影した月の動きの写真があれば、なおよい）や NHK for School にある動画を活用し、月の動きを捉えられるようにしましょう。もちろん、事前にお便りなどの準備を進めていても、天候が悪ければ観察することはできません。次の上弦の月や満月の月は 1 ヶ月後になります。場合によっては、満月の月を先に観察するなど、できるだけ実物が観察できるように考慮しましょう。ただし、あまりにも長引く場合には、教科書や動画の活用も視野に入れ、無理はしないようにしましょう。子どもたちが学習内で月に興味をもてば、月齢カレンダーなどを基に、また観察しようとするはずです。実物を見るチャンスは授業時間だけではないので、最善を尽くしてもダメな時は、潔く次に進んでいきましょう。

※月齢カレンダーは大日本図書のHPより無料でダウンロードできます。

4年

❹空気、水、金属の体積変化の違いに気付かせるには？

内容「金属、水、空気と温度」

金属、水及び空気の性質について、体積や状態の変化、熱の伝わり方に着目して、それらと温度の変化とを関係付けて調べる活動を通して、次の事項を身に付けることができるよう指導する。

ア 次のことを理解するとともに、観察、実験などに関する技能を身に付けること。
　(ア) 金属、水及び空気は、温めたり冷やしたりすると、それらの体積が変わるが、その程度には違いがあること。
　(イ) 金属は熱せられた部分から順に温まるが、水や空気は熱せられた部分が移動して全体が温まること。
　(ウ) 水は、温度によって水蒸気や氷に変わること。また、水が氷になると体積が増えること。

イ 金属、水及び空気の性質について追究する中で、既習の内容や生活経験を基に、金属、水及び空気の温度を変化させたときの体積や状態の変化、熱の伝わり方について、根拠のある予想や仮説を発想し、表現すること。

Q 空気、水、金属の体積変化の程度の違いは、どのように指導すればよいですか？

A 実験方法をできるだけ統一し、子どもたちが体積変化の程度の違いを常に意識できるようにしましょう。

４年「ものの温度と体積」では、空気、水、金属それぞれを温めれば体積が増え、冷やすと体積が減ることを学習します。しかし、ここで一つ気を付けなければならないことがあります。それは、「空気、水、金属の体積変化の程度には違いがあること」も押さえるよう、学習指導要領で定められているということです。ここを意識して指導していないと、指導者が後付けで、「温度による体積変化の大きさは、大きい順に、空気＞水＞金属だよ」と言葉で説明することになってしまいます。そこで、一連の授業の流れの中で、どのように指導すればよいのかを提案したいと思います。

【第１次】空気の体積変化

この単元では、まず空気の体積変化を実験で調べます。教科書によって少し実験方法が異なり、「試験管の先に石鹸水をつけ、膜を作ったのちに、試験管をお湯（60℃程度）で温めたり、氷水で冷やしたりして、石鹸膜が膨らんだり、凹んだりすることを確認するパターン」と、「試験管にガラス管付きのゴム栓を付けて、ガラス管内に寒天ゼリーを入れて、試験管を温め、寒天ゼリーの動きを調べるパターン」に分かれます。今回は前者を例に、解説します（後者のパターンの実験でも基本的な流れは同じです）。

このシャボン玉の実験は、体積変化の様子がよく分かるので、子どもたちのリアクションもとてもよいです。この実験を通して「空気は温めると体積が増え、冷やすと体積が減る」ということを結論付けます。

➡動画⑥はこちらから

【第２次】水の体積変化

次に、水の体積変化について調べます。ここでは実験の前に、「水も空気と同じように、体積が変わる or 変わらない」ということを予想しておきます。さらに、ここからは、体積が変わると答えた子どもに、「体積が変わるとしたら、空気と比べて大きいと思う？ 小さいと思う？」というように指導者から子どもたちに尋ねておきましょう。予想段階で体積変化の程度の違いに触れておかないと、考察の際に、「空気と比べて」というワードが子どもたちから出てくる可能性は低くなります。

予想が終われば、次に実験へと進みます。ここはぜひ、空気の体積変化で使用した試験管を実験で使用してください。空気の体積変化を調べた時と、同じ道具を用いることで、体積変化の程度の違いをさらに意識することができます。ここでの実験は、試験管内に水をたっぷりと入れ、その試験管をお湯（60℃程度）や氷水につけて、表面の様子がどのように変化するのかを調べます。先ほどの空気の体積変化を調べる方法と同様の方法ですね。この実験は、空気ほど顕著な結果が出ません。初めてこの実験を見た先生の中には、「こんな実験、子どもたちには分かりづらすぎる！」と思わず口に出してしまう人もいます。本当に大げさではなく、ICT 端末を用いて写真や動画を定点で撮影しておかなければ、その差に気付かない子どもも出てきます。でも、**この分かりづらさが大切なのです。**このように、「水の体積変化は、空気の体積変化と比べて、（写真や動画を使わないと）分かりづらい」つまり、「空気の体積変化と水の体積変化では、水の方が小さい」ということを結論付けることができます。

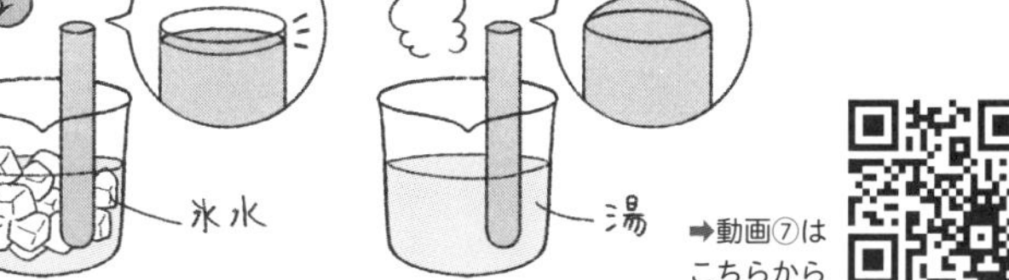

➡動画⑦は
こちらから

空気の体積変化を調べるのに、試験管と細いガラス管付きのゴム栓を使用した場合には、水の体積変化を調べる時にも同じ道具を用います。そうすることで、両者の体積変化の違いを比較できます。一番よくないのは、空気を調べる実験は、試験管と石鹸水を使い、水の体積変化を調べる時には細いガラス管を使うというパターンです。確かに水の体積変化がガラス管の方が圧倒的に分かりやすいのは事実です。しかし、いきなりこの方法を指導者が提示してしまうと、子どもたちが空気と水の温度による体積変化の程度の違いにまったく気付かないのです。

これらの方法を試すにしても、「試験管での実験→見た目で分かりづらい→別の方法でやってみよう」というようにステップアップしながら、実験を行うようにしましょう。

➡動画⑧は
こちらから

【第 3 次】金属の体積変化

この単元の最後には、いよいよ金属の温度による体積変化の程度の違いに迫っていきます。さあ、ここまで学習した子どもたちは「金属もきっと、温度によって体積が変化するのではないか？」「でも、暑い日に鉄棒が大きくなっていることはないから、変わったとしても、体積変化の様子は小さいのではないか?!」など、予想をしてくれるはずです（理想が高い？）。では、どのように実験をするのか？ これまでと同様に試験管を使う？ いえいえ、ここでは「金属膨張試験器」という道具を用いて実験することが多いです。p.35 でも述べたように、これは絶対に子どもの発想から出る道具ではありませんので、指導者が提示し、実験に取り組むようにしましょう。

「金属膨張試験器」は「常温の金属球は輪をすり抜けられるが、熱した金属球は輪を通ることができなくなる。つまり、熱すると体積が大きくなる。冷やすと、また通るようになるので体積が小さくなる」ということが検証できる実験道具です。

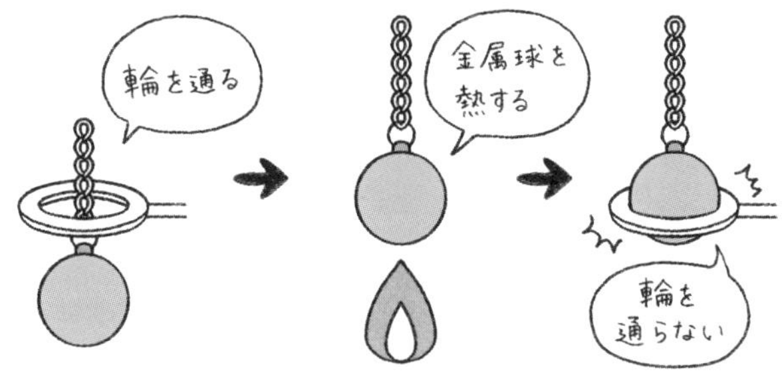

この道具を使う場合、空気や水と違い、同様の方法で実験をしているわけではないので、子どもたちが体積変化の程度の違いに気付くようにするためには、少し工夫が必要です。以下は、その手順です。

❶ 輪は提示せずに、金属球だけをお湯（60℃程度）で温め、見た目で体積が変わったのかを判断する。→見た目は変わらない。

❷ 輪を提示し、もう一度金属球をお湯（60℃程度）で温めてから、輪に通す。→輪を通る。

❸ お湯で温めても、金属球は輪を通過することを確認する。子どもたちに「本当に体積は変化していないのか？」と尋ねる。仮に「もっと高温にすれば？」というアイデアが出れば実際に試す。出ない場合は、指導者が金属球を火で加熱することを提案し、実験する（実験後は、氷水で球を冷やすように伝える）。→輪を通らない。

❹ 輪を通らなくなったことを確認した後、冷えた球を再び輪に通し、輪が通過することを確認する。

ここでのポイントは、まず、金属は見た目で体積が変化したかどうかがまったく分からないことを押さえることです。そして、さらに、お湯で加熱をしても、輪が通過しないという事実を捉えることができれば、空気や水とは体積変化の程度がかなり違うということを意識できるでしょう。これまで（空気や水）はお湯で、体積変化を確認することができましたが、金属は激しく加熱しないと体積変化を確認できません。

- 見た目ではまったく変わらなかった。
- お湯程度では体積変化がほとんど起きていないと考えられる。
- 加熱してはじめて、体積変化が起きる。
- 特別な道具を使わないといけないほど、体積変化が分かりづらい。

これらの複数の事実を基に、空気や水と比べ、金属は体積変化が小さいということを結論付けることになります。

この実験手順はあくまでも教科書をベースとした一例に過ぎません。他にも、空気と水、金属の体積変化の程度の違いに気付かせる方法はあるでしょう。この指導を一例として、ぜひ工夫してみてください。

※ちなみに、この金属球は振り回してみたくなるような形状をしていますので、必ず事前に「振り回さない！」という指導をしておきましょう。

➡動画⑨は
こちらから

おまけ情報

「金属膨張試験器の輪に、球がぴったりはまって取れなくなってしまいました」

みなさんの学校にも、土星のような状態になってしまったものはありませんか？「もう取れないのかな……」いえいえ、あきらめるのはまだ早いです。金属の性質をうまく利用して、元の状態に戻すことにチャレンジしてみましょう。どのような取り方が理想的なのか、内田洋行様にご回答いただきました。

①リングを火で温める

②水をぎりぎりまで入れた紙コップに球のみをつけて冷やす

③木片の上にリングを置き、球を木づちでたたき落とす

リングをガスバーナーや実験用ガスコンロで加熱し、体積を大きくし（輪を広げ）、球は冷やして体積を小さくするという方法です。最後は木づちなどで球をたたいて取ります。この際、**挟まったリングを横から見て球の出っ張りが少ない方をたたきます。また、球をたたく際はリング自体を支えてください。持ち手だけを支えて球をたたくとリングの付け根が曲がってしまいます。**この方法を試される場合は、安全に十分気を付けて、やけどをしないようにしてください。

4年 ❺水はくるくる回りながら温まりますよね？

内容「金属、水、空気と温度」

金属、水及び空気の性質について、体積や状態の変化、熱の伝わり方に着目して、それらと温度の変化とを関係付けて調べる活動を通して、次の事項を身に付けることができるよう指導する。

ア 次のことを理解するとともに、観察、実験などに関する技能を身に付けること。
 (ア) 金属、水及び空気は、温めたり冷やしたりすると、それらの体積が変わるが、その程度には違いがあること。
 (イ) 金属は熱せられた部分から順に温まるが、水や空気は熱せられた部分が移動して全体が温まること。
 (ウ) 水は、温度によって水蒸気や氷に変わること。また、水が氷になると体積が増えること。

イ 金属、水及び空気の性質について追究する中で、既習の内容や生活経験を基に、金属、水及び空気の温度を変化させたときの体積や状態の変化、熱の伝わり方について、根拠のある予想や仮説を発想し、表現すること。

Q 水の温まり方って対流ですよね？ くるくる回りながら温まるということですか？

A 対流＝くるくる回るというイメージがありますが、温まり方とは異なります。

「対流＝くるくる回る」というイメージはありませんか？「お鍋でそうめんを茹でたら、くるくると回っていたけど、あれが対流ってことじゃないの？」そのように思っている方もいるかもしれません。結論から言えば、水の温まり方とそうめんの動きは必ずしも一致しません。実はそうめんが回転する原因の一つに「そうめん自体の重さ」が関係します。そもそも、そうめんを水に入れると底に沈みます。そうめんが、お湯の動きとともに上昇するのは間違いありませんが、下降するのは、そうめんの重さが原因です。実際の水の動きはもっと煩雑なものになります。水の動きを調べるために、水に沈むものを使うと、このような誤解を生むとして、最近の教科書では、トレーサー（水の動きを調べるもの）として、絵の具などが用いられるようになっています。少し前までは、お茶の葉やけずりぶしといったものが採用されていました。

また、水の温まり方を調べるのに最も適しているものはサーモインクです。現行の教科書では、このサーモインクが主流の実験方法になりつつありますので、予算の都合さえつけば、購入することをおすすめします。

サーモインクを使えば、水がくるくる回転していきながら温まるのではなく、温められた水が軽くなって上昇し（青色からピンク色に変わる）、上に溜まっていき、やがて全体にピンク色が広がっていく様子が見られます。サーモインクを使えば、水が回転しながら温まるというわけではないことがよく分かります。

水の温まり方を表す図式も、よく見てみると、どの教科書を見ても上方向の矢印のみになっており、くるくる回転するような矢印にはなっていません。指導者の思い込みにより、「水は回転しながら温まる」と子どもに教え込まないよう注意が必要です。

水の温まり方のイメージ

水の動きを調べるためのトレーサーでの実験と合わせて、このサーモインクを用いた実験を行うことで、水の温まり方に関する認識がより深まると思います。この水の温まり方を調べるサーモインクは原液を水で薄めて使用します。一度薄めたサーモインクも冷暗所に保存しておけば、再利用することもできますが、色が戻らなくなるといった不具合が起きることもあるため、メーカーは推奨していません。

2023 年 4 月現在、40℃で透明から白色に変わる示温インクが新たに登場しました。子どもたちにとって、どちらがより分かりやすいのか、今後の動向を見ていきましょう。

参考文献

相場博明・柊原礼士「小学校4年『水のあたたまり方』における誤概念と『サーモインク』教材の有効性」日本理科教育学会『理科教育学研究』49巻3号，2008

寺田光宏・中嶋健二「小学校４年生理科『水のあたたまり方』の指導の現状と改善」日本科学教育学会『研究会研究報告』27巻5号，2012

➡動画⑩はこちらから

❻空気の温まり方を捉えやすくするコツは？

内容「金属、水、空気と温度」

金属、水及び空気の性質について、体積や状態の変化、熱の伝わり方に着目して、それらと温度の変化とを関係付けて調べる活動を通して、次の事項を身に付けることができるよう指導する。

ア 次のことを理解するとともに、観察、実験などに関する技能を身に付けること。
- (ア) 金属、水及び空気は、温めたり冷やしたりすると、それらの体積が変わるが、その程度には違いがあること。
- (イ) 金属は熱せられた部分から順に温まるが、水や空気は熱せられた部分が移動して全体が温まること。
- (ウ) 水は、温度によって水蒸気や氷に変わること。また、水が氷になると体積が増えること。

イ 金属、水及び空気の性質について追究する中で、既習の内容や生活経験を基に、金属、水及び空気の温度を変化させたときの体積や状態の変化、熱の伝わり方について、根拠のある予想や仮説を発想し、表現すること。

Q 空気が温まる際の動き方を捉える実験の結果がとても分かりにくいです。何かいい方法はありませんか？

A 線香の煙の入れ方にはコツがあります。ビーカーを温める際には常温の保冷剤を温めたものを使うといいですよ。LEDライトがあるとさらによいです。

金属や水の温まり方については、教科書の方法でほとんど問題なく結果を確認することができますが、「空気の温まり方」を調べる実験には、少しコツがいります。ちなみに、この実験は小学校理科を扱う教科書会社６社中３社が採用している実験方法です。教科書通りの方法では、少し結果が分かりにくいこともあったので、うまくいく方法を考案しました。この実験が記載されていない教科書会社を使用している自治体の先生であっても、空気の温まり方がよく分かる方法ですので、ぜひお試しください。

準備物

500mLビーカー、アルミホイル、LEDライト（100円ショップで購入可）、

常温の保冷剤、線香（※煙少なめでないもの）、ガスマッチ、燃えがら入れ、濡れ雑巾、割りばし、竹串

手順

❶ 常温の保冷剤を60℃程度のお湯で温める。

❷ 500mL ビーカーにアルミホイルを被せたら、端の方に竹串で穴をあける。

❸ 線香に火をつけ、先ほどあけた穴から線香を入れて、中央上部でおよそ30秒〜1分間放置する。この時、線香の煙は冷たいビーカーの側面に沿って、下にたまる。ビーカー下部にある程度煙がたまればOK（右図）。

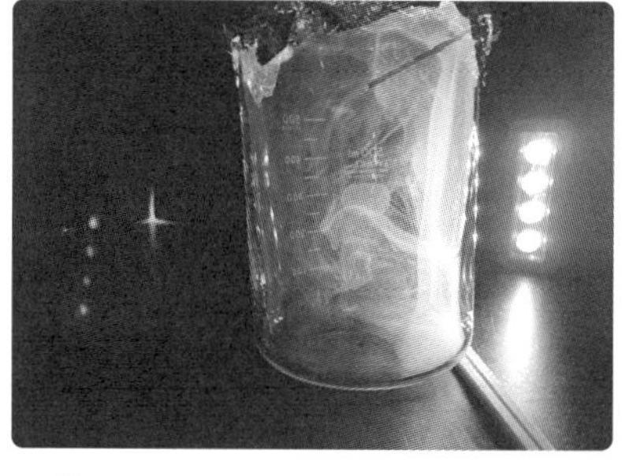

❹ ビーカーの煙にLEDライトを当てる。（部屋を暗くしておくと、煙の様子がより鮮明になります！）

❺ ビーカーの底部に割りばしをかませ、反対側に温めた保冷剤を置く。しばらくすると、煙の塊が上へと上昇する（下図）。

➡動画⑪はこちらから

❼水がなかなか凍らない！

内容「金属、水、空気と温度」

金属，水及び空気の性質について，体積や状態の変化，熱の伝わり方に着目して，それらと温度の変化とを関係付けて調べる活動を通して，次の事項を身に付けることができるよう指導する。

ア 次のことを理解するとともに，観察，実験などに関する技能を身に付けること。
- (ア) 金属，水及び空気は，温めたり冷やしたりすると，それらの体積が変わるが，その程度には違いがあること。
- (イ) 金属は熱せられた部分から順に温まるが，水や空気は熱せられた部分が移動して全体が温まること。
- (ウ) 水は，温度によって水蒸気や氷に変わること。また，水が氷になると体積が増えること。

イ 金属，水及び空気の性質について追究する中で，既習の内容や生活経験を基に，金属，水及び空気の温度を変化させたときの体積や状態の変化，熱の伝わり方について，根拠のある予想や仮説を発想し，表現すること。

Q 教科書通りに実験をしているのに、水がなかなか凍りません。何かいい方法はないですか？

A 濃い(飽和)食塩水を冷凍庫で冷やしたものを使うと、水が簡単に凍ります！

多くの教科書では、細かい氷と食塩水を用いて寒剤を作り、試験管内の水を冷やすという実験を行っています。教科書通りにやっても、水がなかなか凍らないという理由は、寒剤の温度が下がり切っていないことが原因です。氷をかなり細かくしなければ、水が凍らないことが多いです。そこでおすすめの方法が、田中千尋先生が推奨している「飽和食塩水」を寒剤として用いる方法です。飽和食塩水は、冷凍庫に入れても、凝固点降下という作用により、凍ることがありません。これを寒剤として用いると、試験管内の水がより短い時間で凍ってくれます。液体寒剤ですので、試験管と触れ合う表面積が多いことも素早く凍る理由として挙げられます。

今回は、この飽和食塩水に、さらに保冷効果を高める二重ビーカーを組み合わせた教材を紹介します。

準備物

300mLビーカー、500mLビーカー、隙間シート、目玉クリップ2つ、輪ゴム、滑り止めマット

二重ビーカーの作成方法

❶ 300mL ビーカーの上部に隙間シート（長さ10cm 程度でカット）したものを巻いていく。
❷ 300mL ビーカーと 500mL ビーカーを重ねる。
❸ 300mL ビーカーの底に、底の形に合わせて切った滑り止めマットを敷く。
❹ 500mL ビーカーの口に目玉クリップを 2 つ挟み、輪ゴムを引っ掛ける。

これで二重ビーカーの完成です。輪ゴムの間に試験管を入れれば、直立してくれます。また、下に滑り止めマットを敷いているので、試験管が割れる心配も少なくなります。

ちなみに私は、試験管立てを 3D プリンターを用いて自作しています。3D プリンターが使えるという少しマニアックな環境にいる方は、データをダウンロードしてお使いください（ビーカーによって微妙に厚みが異なるので、うまく使えなかったらごめんなさい）。ダウンロードの手順は本書の巻末をご覧ください。

実験

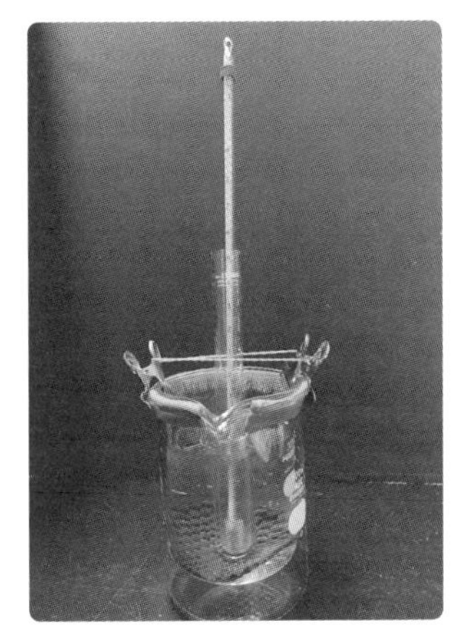

❶ 試験管に水を 8 mL 程度入れ、温度計を差し込む。

❷ 水の体積変化を同時に観察するため、水の表面にラインを油性マジックで書いておく。

❸ 事前に**冷凍庫で冷やした飽和食塩水（－ 19℃）**を試験管内の水面を越えるようにビーカーに注ぐ。

❹ 30 秒ごとに温度を読み取り、試験管内の水の様子とともに観察する。

※飽和食塩水は凝固点降下という作用により、理論上、約－21℃まで凍りません。ただし、冷凍庫の温度設定によっては凍ってしまう可能性もあるので、事前に学校にある冷凍庫でできるかをチェックしておきましょう。

※飽和食塩水は常温の水500mL（20℃程度）に食塩約180gを溶かして作ります。5 年「もののとけ方」の学習で飽和食塩水を作ることができるので、それを利用してもよいです。

結果

このグラフを見ると分かるように、教科書記載のグラフとほとんど同じ形になっています。ただし、時間はかなり短縮されています。

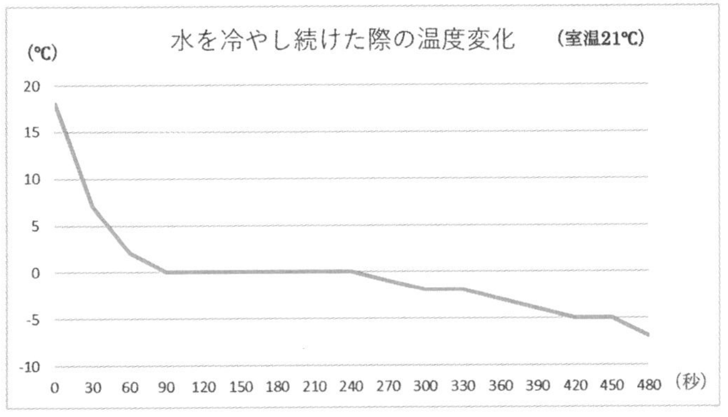

今回、記載したグラフは過冷却（過冷却とは、水が0℃になっているにもかかわらず、水が氷にならない現象。少しの振動などをきっかけに氷となる）という現象が起きずに実験ができた場合のグラフです。水が0℃以下になっていても凍らない場合は、子どもたちに温度計を少し動かすように指示を出しましょう。そうすると、突然水が凍り始めます。子どもたちは急に水が氷になる様子に大変感動してくれます。その後、水は0℃に戻り、水と氷が混ざった状態がしばらく続いた後、0℃以下へとなっていきます。

過冷却を完璧に防ぐことが難しいため、基本的には過冷却は起こるものとして捉えておいた方がよいです。過冷却に関しては、子どもたちが考えてもその仕組みを解明することが難しいので、指導者が説明を加えるようにしましょう。

また、教科書によっては、もう１本試験管を用意し、水のみを入れて体積変化を確認する場合がありますが、温度計を挿している方と挿していない方では、凍るタイミングが違ったり、過冷却が原因でなかなか凍らなかったりするということがあります。そのように考えれば、試験管は１本にしておき、その試験管で体積変化までを確認する方が自然でしょう。この時、試験管に油性マジックで水面にラインを引くとよいです。「よく消すのに苦労しないか？」と尋ねられることがありますが、メラミンスポンジを使えば、簡単に消すことができます。掃除にも便利ですので、理科室にメラミンスポンジを常備させておきましょう。

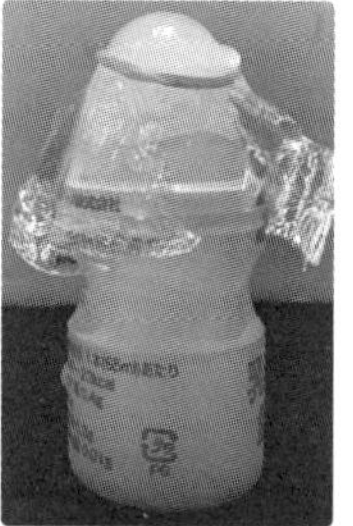

また、水の体積変化は別で確認するというのも一つの手です。乳酸菌飲料のボトルに水を目一杯入れ、ラップと輪ゴムで口を塞ぎ、後は冷凍庫に入れておくだけです。翌日には、パンパンに膨らんだボトルを見ることができます。

参考文献

田中千尋『理科は教材研究がすべて』東洋館出版社、2021
霜田光一・森本信也ほか『みんなと学ぶ 小学校理科4年』学校図書，2016
大﨑雄平「現場を支える教育支援の取り組み－小学校第4学年 水の凍結実験を例として－」日本理科教育学会全国大会発表論文集第18号，2020

➡動画⑫は
こちらから

5年 ❶インゲンマメが育たない！

内容「植物の発芽、成長、結実」

植物の育ち方について、発芽、成長及び結実の様子に着目して、それらに関わる条件を制御しながら調べる活動を通して、次の事項を身に付けることができるよう指導する。

ア 次のことを理解するとともに、観察、実験などに関する技能を身に付けること。
- ㋐ 植物は、種子の中の養分を基にして発芽すること。
- ㋑ 植物の発芽には、水、空気及び温度が関係していること。
- ㋒ 植物の成長には、日光や肥料などが関係していること。
- ㋓ 花にはおしべやめしべなどがあり、花粉がめしべの先に付くとめしべのもとが実になり、実の中に種子ができること。

イ 植物の育ち方について追究する中で、植物の発芽、成長及び結実とそれらに関わる条件についての予想や仮説を基に、解決の方法を発想し、表現すること。

Q インゲンマメがなかなか発芽せず、授業がまったく進みません！ どうすればいいでしょうか？

A 単元を並行して進めましょう。

5年の理科を指導したことがある先生に「あるある」なのが、「5年の単元が全然予定通りに進まない問題」です。まず、どの教科書でも単元の最初の方に登場するのが「植物の発芽」そして「植物の成長」です。単元の内容を簡潔に説明すると、「植物の発芽」ではインゲンマメが発芽する条件を調べ、「植物の成長」では、インゲンマメが成長するための条件を調べる、という内容です（どの教科書もインゲンマメを扱っていますが、インゲンマメ以外のもので調べることも可能です）。

なぜこの単元が予定通り進まないのか……それは、インゲンマメの発芽に時間がかかるからです。単純に考えて、週3回理科の時間があるわけですが、月曜日にインゲンマメの発芽についての実験をスタートしたとして、水曜日に発芽しているかと言われれば、そんなわけがありません。気温などの条件にもよりますが、発芽の結果は次の週に確認するように設定しておいた方が無難でしょう。担任であれば、そのあたりを考慮して、週予定を組めばよいわけですが、専科の場合はそうはいきません。担任の先生は問答無用で、きっちり週３回の授業を入れてくるでしょう（笑）では、結果待ちの間はどうするのか？ いろいろな考えがあるとは思いますが、私は、その間に別の単元を進めておくことをおすすめしています。例えば、「天気の変化」は４月に学習を行っても何ら問題ありません。単元を並行して進めるということは、他教科であれば考えにくい話だと思いますが、５年の理科では、往々にしてありうることだと思います。植物やメダカを扱う時は、想定外のことがよく起こります。時間をかけてもインゲンマメが発芽しない場合、気温が低いことが原因の場合が多いです。ヘチマやツルレイシ同様に温度が上がる場所に置き直したり、時期をずらしたりして実験できるよう、やはり多めに購入が必要です。また、脱脂綿に水を吸水させて発芽をさせる方法は、インゲンマメが腐る確率を高めてしまうようです。「植物の成長」用として発芽させるインゲンマメにはパーライトを用いることで、インゲンマメに適度な水分を供給することができます。最近では Amazon などで園芸発芽マットと呼ばれるものも販売されています（※ 2023 年 4 月現在、約 2000 ～ 4000 円）。試してみたところ、４月前半（京都市南部）で発芽させることができました。

発芽→成長と単元を進める際には、インゲンマメの苗が成長していないと実験が進みません。これは、専科や教科担当にはかなり痛いです。そこでおすすめなのが、「植物の成長で使うインゲンマメは、子どもたちが育てたものを使わない」という方法を取ることです。「えっ？ じゃあどうするの？」答えは簡単。「先に指導者が準備をしておく」これだけです。子どもたちが授業内で育て始める前に、先に大量のインゲンマメを発芽させ、成長させておきます。以前、30 名３学級を指導した際には、100 粒ほどのインゲンマメを発芽、成長させておきました。そうすると、発芽の単元が終わった瞬間に、成長の単元へと進むことができます。さらに、大量に育てておくメリットがあります。それは、条件制御です。比較のために、子どもたちがその苗の中から、ある程度背丈が揃った苗を選ぶことができます。もちろん植物ですから、最初の大きさをすべて揃えることは不可能ですが、５年の考え方として必要な条件制御を意識させるという意味ではとても大切なことです。

5年 ❷大ピンチ！メダカが卵を産まない時はどうする？

内容「動物の誕生」

動物の発生や成長について，魚を育てたり人の発生についての資料を活用したりする中で，卵や胎児の様子に着目して，時間の経過と関係付けて調べる活動を通して，次の事項を身に付けることができるよう指導する。

ア 次のことを理解するとともに，観察，実験などに関する技能を身に付けること。
- ㈠ 魚には雌雄があり，生まれた卵は日がたつにつれて中の様子が変化してかえること。
- ㈡ 人は，母体内で成長して生まれること。

イ 動物の発生や成長について追究する中で，動物の発生や成長の様子と経過についての予想や仮説を基に，解決の方法を発想し，表現すること。

Q メダカが卵を産まなくて授業が進みません！

A メダカが卵を産むためにはいくつかの条件があります。場合によっては、卵を購入することも検討しましょう（小声）。

5年の単元で最もお悩みの声が多いのが、この「メダカの誕生」です。大前提として、教材用として販売されているヒメダカと呼ばれる品種は観賞用だけでなく、餌用として販売されていることも多く、痩せていることが多いです。メスが産卵するためには、十分に太っている必要があるので、まずは餌を十分に与え、太らせることからスタートしなければなりません。また、水温や日照時間も産卵には大きく影響します（水温は20度以上、日照時間は12時間程度）。

これは私の経験談になりますが、理科室でメダカを育てていてもなかなか産卵しなかったのに、教室に持っていった途端に産卵が始まったことがありました。おそらく理科室は日当たりが悪い場所にあったことが原因でした。また、産卵床というものを、水槽に入れておくのもおすすめです。最近では、100円ショップのSeriaなどでも販売されています。

ただし、様々な工夫を施しても、メダカが卵を産まない

ことがあります。そうした時は、どうすればよいのでしょうか？ そこでおすすめしたいのが、メダカの卵を最初から購入してしまうという方法です。飼育に自信のない方は、この方法が最もよいのではないでしょうか。メダカの卵を販売している教材会社もありますが、他にも販売しているところはあります。

その一つが、田口教育研究所です。田口教育研究所では「メダカの卵でサイエンス」と称し、実験内容によって、メダカの卵を販売してくれています（配送の関係上、沖縄を除く）。到着希望日を指定できるという点もうれしいです（2023 年 4 月現在）。

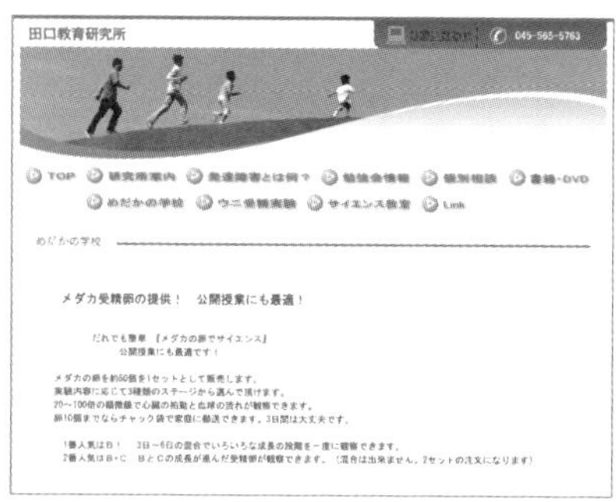

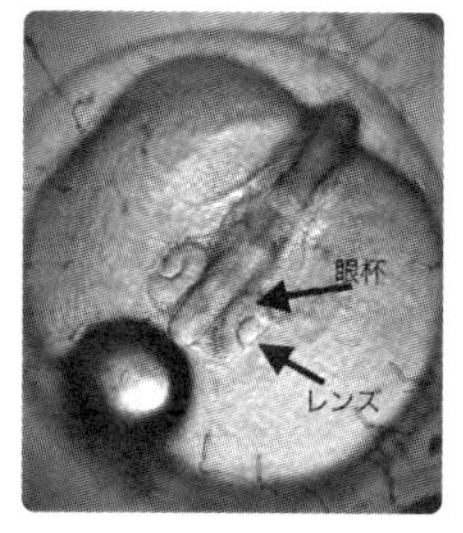

画像提供：田口教育研究所「めだかの学校」http://www.taguchiken.com/medaka.html

単元のはじめに、メダカの卵を購入しておけば、様々な発育状況のメダカを知ることで、成長の過程を予想できるでしょう。また、「どうすればメスは卵を産んでくれるのか」という問題意識も芽生えるでしょう。そこから、メダカの飼育をスタートさせ、メスが産卵するまでじっくりと待てばよいです。本来の展開とは逆になりますが、最初に卵の観察をしているので、最悪、飼育しているメダカが産卵しなくても、授業として成り立ちます。このゆとりが指導者の安心感にもつながっていくのです。単元を終える頃にやっと水温が上がってきて産卵が始まる……そんなこともあるかもしれません。それはそれで、単元が終わっても子どもたちは大切に育ててくれるでしょう。飼育に自信がない、これまでも何度も失敗してきたという方は、メダカの卵を購入するための予算をしっかりと残しておきましょう。

❸流水実験は屋外？ 屋内？

内容 「流れる水の働きと土地の変化」

流れる水の働きと土地の変化について、水の速さや量に着目して、それらの条件を制御しながら調べる活動を通して、次の事項を身に付けることができるよう指導する。

ア 次のことを理解するとともに、観察、実験などに関する技能を身に付けること。
　(ア) 流れる水には、土地を侵食したり、石や土などを運搬したり堆積させたりする働きがあること。
　(イ) 川の上流と下流によって、川原の石の大きさや形に違いがあること。
　(ウ) 雨の降り方によって、流れる水の速さや量は変わり、増水により土地の様子が大きく変化する場合があること。

イ 流れる水の働きについて追究する中で、流れる水の働きと土地の変化との関係についての予想や仮説を基に、解決の方法を発想し、表現すること。

Q 教科書では、屋外の方法も、屋内の方法も書かれていますが、どちらの方がよいのでしょうか？

A ねらいによって変わってきますが、基本的には屋内をおすすめします。

「流れる水の働き」の学習ではモデル実験として、屋外で土山を作って、水を流すという実験があります。しかし、屋外では、雨が降った場合に実験ができません。また、クラスが 40 名程度いる場合には、1 つの土山で全員が観察するのは、視点が定まらず苦労します。集中力に欠けてしまう子どもも出てくるでしょう。そこで、この流水実験は、最初から屋内を想定しておくことをおすすめします。実験道具を作る事前準備は必要ですが、一度作ってしまえば、毎年使えるものになります。

準備物　プラスチックカップ 2 個、プランターの受け皿、滑り止めマット、トレー、珪砂 6 号、針金、チューブ、グルーガン、半田ごて、200mL ビーカー

※珪砂：主に石英の粒からできている。真砂土などと比べて、崩れやすく浸食の様子が分かりやすい。また、タオルなどを用いれば、水分を拭き取れるので、連続で使用できるところも魅力的。ただし、粒が細かいため、吸い込まないように注意が必要。子どもたちが触る前に湿らせておくとよい。

事前準備

【川の形を揃えるためのホース作り】

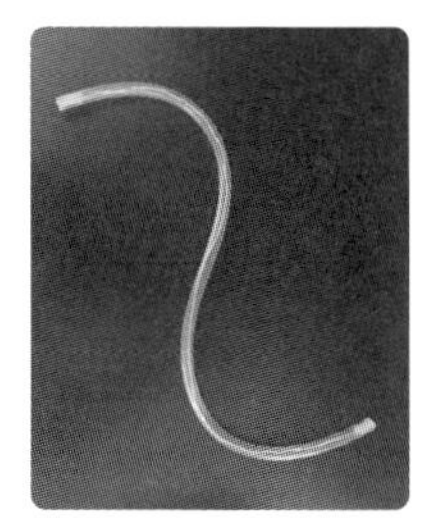

❶ 針金、チューブをおよそ 42cm（参考程度）で切る。

❷ チューブの中に針金を入れ、両端をグルーガンで埋めれば完成。

【流水実験装置の作り方】

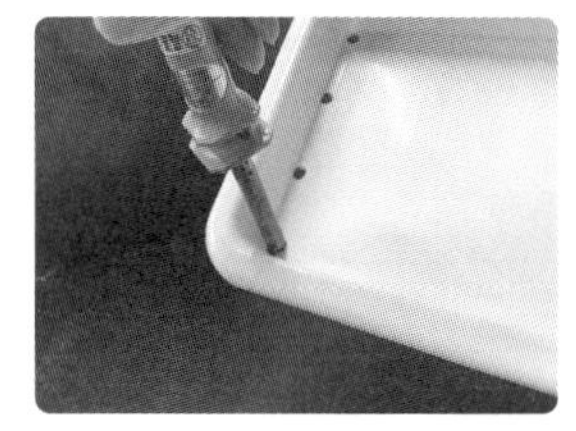

❶ プラスチックカップの底に、半田ごてを用いて、それぞれ大小の穴をあける。

❷ プランターの受け皿の端に、半田ごてを用いて、排水用の穴を複数箇所あける。

【セットの仕方】

❶ プランターの受け皿に滑り止めマットを敷く。

❷ 珪砂をプランターの受け皿の 8 割程度が埋まるように敷き詰める。

❸ 珪砂に水をかけ、湿らせる。

❹ 装置に傾斜をつけ、排水の受け皿としてトレーを置いておく。

❺ ホースで流路の形の跡をつける。

❻ 指で流路を深く掘る。

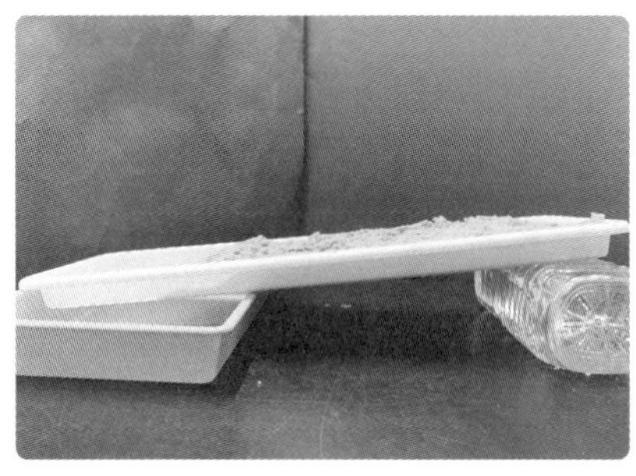

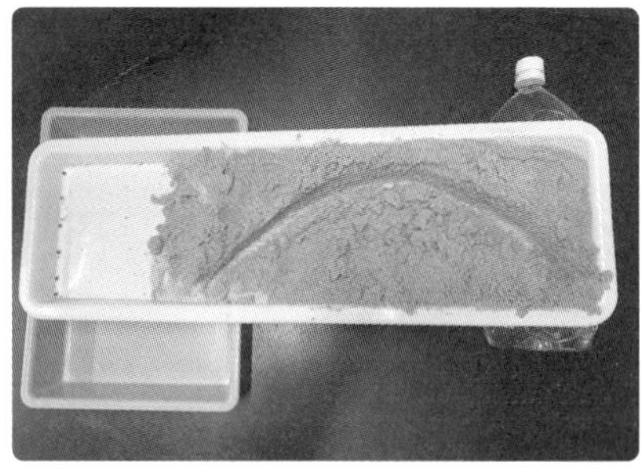

授業の実際　その①

授業では、まず１時間目に、教科書の資料などから、川に流れる水の働きや大雨が降った時の川の変化について予想をしておきます。２時間目以降はモデル実験で流れる水の働きを調べていきます。

１コマでの授業の場合は、流水実験装置のセットはあらかじめ指導者がしておいた方がよいです。流路作りに関しては、子どもたちに委ねてもよいでしょう。子どもたちの実態や授業の時間配分を考慮して、どこまでセットするか判断してください。

授業の実際　その②

セットが完了すれば、いよいよ実験です。１回目は小さな穴をあけたプラスチックカップを流路の上部におき､カップに150mLの水をすべて注ぎます。１回目の実験の結果から、砂が削られる様子、運ばれる様子、溜まっていく様子が観察できます。ここで、侵食・運搬・堆積という言葉を押さえることもできますね。

２回目は、穴の大きいカップを使って実験します。水の量は150mLと同じですが、穴が大きい分、たくさんの水が流れます。実際に実験すると分かりますが、流速が明らかに速くなります。流速が速くなると、侵食・運搬の働きが大きくなり、結果的に堆積する砂の量も増えるということになります。ここでは水量を150mLとしていますが、**珪砂に含まれる水分量により、適切な水量は変わってきます。必ず予備実験はするようにしましょう。**

また、子どもたちが日常からICT端末を使用していれば、この実験は自然と動画を撮ろうとすると思います。動画におさめておけば、次の時間に結果を詳しくノートに書くこともできますし、とても便利です。

➡動画⑬は
こちらから

参考文献

お茶の水女子大学「理科教材データベース」https://sec-gensai.cf.ocha.ac.jp/2209

❹ミョウバンがなかなか溶けない！

内容「物の溶け方」

物の溶け方について、溶ける量や様子に着目して、水の温度や量などの条件を制御しながら調べる活動を通して、次の事項を身に付けることができるよう指導する。

ア 次のことを理解するとともに、観察、実験などに関する技能を身に付けること。
- ㋐ 物が水に溶けても、水と物とを合わせた重さは変わらないこと。
- ㋑ 物が水に溶ける量には、限度があること。
- ㋒ 物が水に溶ける量は水の温度や量、溶ける物によって違うこと。また、この性質を利用して、溶けている物を取り出すことができること。

イ 物の溶け方について追究する中で、物の溶け方の規則性についての予想や仮説を基に、解決の方法を発想し、表現すること。

Q ミョウバンがなかなか水に溶けないのですが、何かよい方法はありませんか？

A ミョウバンの粒の大きさの確認＆水温を上げる、2つの策で乗り切りましょう。

「もののとけ方」の学習では、食塩とミョウバンの溶け方を比較しながら学習を進めていきます。教科書では、水 50mL に対してミョウバン 5g が溶け切るということが記載されています。しかし、なかなかミョウバンが水に溶けないことがあります。これには 2 つの可能性が考えられます。

1 つ目は、ミョウバンの粒の大きさです。この学習では、いわゆるカリミョウバンを用います（※焼きミョウバンと呼ばれるものはこの学習には適さないので、間違えて購入しないようにしましょう）。

実はカリミョウバンであっても、メーカーによって、粒の大きさが異なる場合があります。ミョウバンの粒が粉末状ではなく、明らかに結晶状になっているものは、溶かし切るのに相当な時間がかかり、授業時間内に溶けない可能性があります。

粒の大きさが異なるカリミョウバン

こうしたミョウバンを間違えて購入してしまった場合は、粉末状のものを購入し直すのもアリだと思います。大きい粒のものは結晶作りに使える可能性があるので、残しておきましょう。また、予算の関係上、どうしても粉末状のものを買い直せないという場合には、粒を細かくすりつぶして、粉末状にするという手もあります。ただし、時間がかかりますので、あまりおすすめはしません。

2つ目は、水の温度です。ミョウバンは水温が約20℃の時に5g溶けます。もしも冬場にこの単元を実施するとすれば、当然、水道水の温度は低い状態です。何も考えずに冬場の水道水20℃以下を用いた場合、ミョウバンが5g溶けきらない可能性があります。事前に水道水の温度をチェックし、必要であれば、実験用に少し温かめの水を用意しておきましょう。

湯煎用のお湯はすぐに冷める

ミョウバンの溶け残りを溶かす実験では、ミョウバンの水溶液が入ったビーカーを60℃程度に湯煎して、溶かし切ることになります。この時使う湯煎容器は、カップうどんなどに使われる発泡ポリスチレン容器を使用するようにしてください。ビーカーなどのガラス容器を湯煎用にするとお湯がすぐに冷めてしまい、ミョウバンがなかなか溶けません。予算に余裕があるならば、実験用IHコンロの購入もおすすめです。

逆に、溶けたミョウバンが出てこない…

ミョウバンが溶け残った水溶液をろ過し、冷やして再結晶させる実験では、ミョウバンがなかなか出てこないという現象が起きることもあります。この時は、ミョウバンのろ液を冷やす方法を工夫しましょう。おすすめはp.85～88でも紹介した、冷凍庫で冷やした飽和食塩水です。この液を使うと、ろ液が急激に冷やされ、溶けたミョウバンが再び姿を現してくれます。ミョウバンのろ液を少し温めてから冷やすことも効果的ですし、冷やしたろ液を少しかき混ぜると、結晶が出てきやすくなります。

5年 ❺ミョウバン結晶はどう作る？

内容「物の溶け方」

物の溶け方について、溶ける量や様子に着目して、水の温度や量などの条件を制御しながら調べる活動を通して、次の事項を身に付けることができるよう指導する。

ア 次のことを理解するとともに、観察、実験などに関する技能を身に付けること。
- ㋐ 物が水に溶けても、水と物とを合わせた重さは変わらないこと。
- ㋑ 物が水に溶ける量には、限度があること。
- ㋒ 物が水に溶ける量は水の温度や量、溶ける物によって違うこと。また、この性質を利用して、溶けている物を取り出すことができること。

イ 物の溶け方について追究する中で、物の溶け方の規則性についての予想や仮説を基に、解決の方法を発想し、表現すること。

Q 教科書に載っているミョウバン結晶作りにチャレンジしましたが、翌日見てみると、ミョウバンの結晶が溶けてしまっていました。一体何が原因だったのでしょうか？

A 結晶を浸けていたミョウバンの水溶液の温度が高すぎたのかもしれません。

まず、ミョウバンの結晶作り及び結晶を成長させるためのセット方法を見てみましょう。

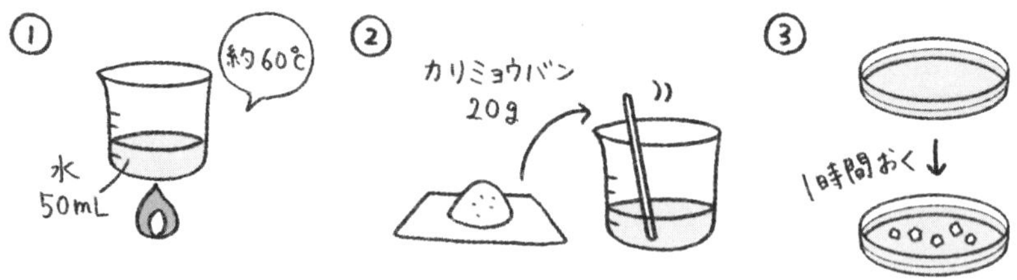

❶ 水 50mL を温め、約 60℃にする。

❷ カリミョウバン 20g を溶かし切る。

❸ できたミョウバンの水溶液をシャーレに移し、1時間ほど放置する。

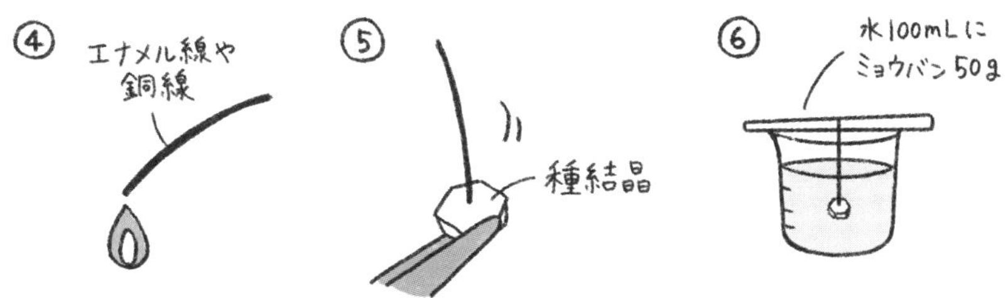

❹ エナメル線や銅線を加熱する。

❺ 種結晶１粒に刺す。

❻ 約60℃のお湯100mLにカリミョウバンを50g溶かし、冷めた水溶液（40℃以下）になったものに❺を吊り下げる。

ミョウバンの種結晶が溶けてしまった原因は❻の過程にあります。種結晶を入れた水溶液の温度が高すぎたために、溶けてしまったのでしょう。**ミョウバンの種結晶を吊るすための水溶液は必ず40℃以下にする**ように気を付けましょう。ミョウバンの種結晶をテグスなどの糸に括り付ける方法もありますが、今回は手間のかからない、銅線を突き刺す方法を紹介しています。銅線を熱して種結晶に突き刺す方法は、５年生の子どもたちであれば自分自身で行うこともできるでしょう。

ミョウバンの種結晶をミョウバンがたくさん溶けた液に吊したあとは、できれば発砲スチロールに入れてゆっくりと冷やすことを心がけると、より大きく、形の美しい結晶が出来上がるでしょう。

また、ミョウバンの種結晶を用意したり、突き刺したりするのが少し面倒な場合は、ミョウバンがたくさん溶けた液に、モールを吊るしておくだけでも、きれいな結晶がモールに付きます。授業の準備時間や子どもたちの実態に応じて、選択してみてください。

➡動画⑭は
こちらから

❶線香の煙の動きが分かりづらい！

内容「燃焼の仕組み」

燃焼の仕組みについて、空気の変化に着目して、物の燃え方を多面的に調べる活動を通して、次の事項を身に付けることができるよう指導する。

ア 次のことを理解するとともに、観察、実験などに関する技能を身に付けること。
　(ア) 植物体が燃えるときには、空気中の酸素が使われて二酸化炭素ができること。

イ 燃焼の仕組みについて追究する中で、物が燃えたときの空気の変化について、より妥当な考えをつくりだし、表現すること。

Q 底なし集気ビンを使って、空気の流れを調べる実験の予備実験をしていました。底から線香の煙が入ることは確認できるのですが、上から出ていく様子がイマイチよく分かりません。

A 線香の煙をLEDライトで照らしてみましょう。

この実験も線香の煙を使う実験ですので、4年「空気の温まり方」でおすすめしたLEDライトを用いて、煙に光を当ててやると、煙の動きがはっきり見えます。上から煙が出ていく様子は、LEDライトを使わないと、ほとんど分からないと思います。この実験においても、100円ショップのLEDライトで十分です。

LEDなし

LEDあり

ガスマッチの着火ボタンが固い

火を扱う単元では、時間短縮のためにマッチよりもガスマッチを使う方が便利です。しかし、ガスマッチは幼児が勝手に使わないよう、安全設計として着火ボタンが固く作られている場合があります。一方、最近では、高齢者向けに着火ボタンがソフトなつくりになっているものも販売されています。理科の授業で扱うには後者の方が断然優れています。使い捨てではなく、ガス注入式のものもあるので、購入の際に検討してみてください。

また、安全対策として、ガスマッチはナンバリングし、班の番号と合わせて子どもたちに使用させましょう。ないと信じたいところですが、万が一理科室から持ち出してしまうケースを考え、事前に対策を練っておくことが大切です。子どもたちはもちろんのこと、先生自身を守ることにつながります。

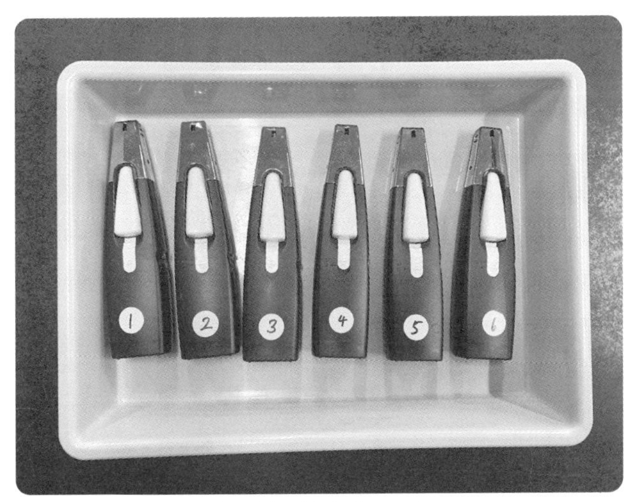

ナンバリングしたガスマッチ

❷薬品を扱うことが不安……

内容「水溶液の性質」

水溶液について、溶けている物に着目して、それらによる水溶液の性質や働きの違いを多面的に調べる活動を通して、次の事項を身に付けることができるよう指導する。

ア 次のことを理解するとともに、観察、実験などに関する技能を身に付けること。
- ㋐ 水溶液には、酸性、アルカリ性及び中性のものがあること。
- ㋑ 水溶液には、気体が溶けているものがあること。
- ㋒ 水溶液には、金属を変化させるものがあること。

イ 水溶液の性質や働きについて追究する中で、溶けているものによる性質や働きの違いについて、より妥当な考えをつくりだし、表現すること。

Q 「水溶液の性質」で薬品を扱うことがとても不安です。

A しっかりと知識をもって臨めば大丈夫です。予備実験に取り組み、自信をもって指導にあたりましょう。

「水溶液の性質」では、テレビや新聞などで報道されるような事故が毎年のように起こっているので、不安を感じる方も多いでしょう。予備知識をもってしっかりと準備をすれば、過度に怖がる必要はありません。

アンモニア水について

アンモニア水と言えば、あの鼻をつくような刺激臭が特徴の水溶液です。アンモニアと呼ばれる気体が溶けています。原液で購入した場合には、必ず薄めるようにしてください。およそ2%程度まで薄めて使用します。また、手で仰いでにおいを嗅ぐという技能は、この単元でしか学ぶことがありません。必ず指導するようにしましょう。

塩酸について

塩酸もアンモニア水と同じくにおいがする薬品ですが、アンモニア水ほど強烈なにおいはしません。塩酸に関しても、原液で購入した場合は、必ず薄めるようにしてください。

ただし、塩酸については、用途によって濃度を使い分ける必要があります。導入やリトマス試験紙で液性を調べる際には、少しにおいがする程度、金属との反応を調べる際には、3mol/L 程度を使用します。濃度が薄いとなかなか反応しませんし、濃すぎると皮膚についた時に危険です。なかなか反応が見られないからといって、3mol/L 以上の濃いものは使用しないようにしましょう。最近では、アンモニア水、塩酸ともに濃度を調整したものが売られています。薬品を薄める必要がないため、とても便利です。ちなみに、冬場にこの単元を行う場合、塩酸（3mol/L）と鉄やアルミニウムがなかなか反応しないというケースもあります。この場合は塩酸が冷えてしまっていることが原因です。前もって部屋を温めておき、塩酸が冷えすぎないようにしておきましょう。

薬品の調整の仕方の例

石灰水の作り方とアンモニア水、塩酸の濃度調整の方法を紹介します。

必ず指導者が、保護眼鏡、ゴム手袋を装着して調整をするようにします。薬品調整は理科室や準備室などで行い、薬品を理科室外に持ち出さないようにしましょう。換気も必ず行います。

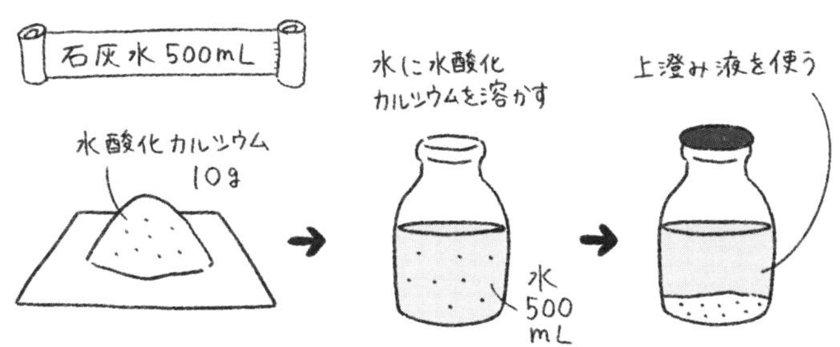

※濁っていない上澄み液を使うため、遅くとも前日にはセットしておく必要があります。また、以前作った石灰水は二酸化炭素とうまく反応しない場合があるため、必ず事前に確認しておきましょう。

2mol/Lアンモニア水450mLの調整

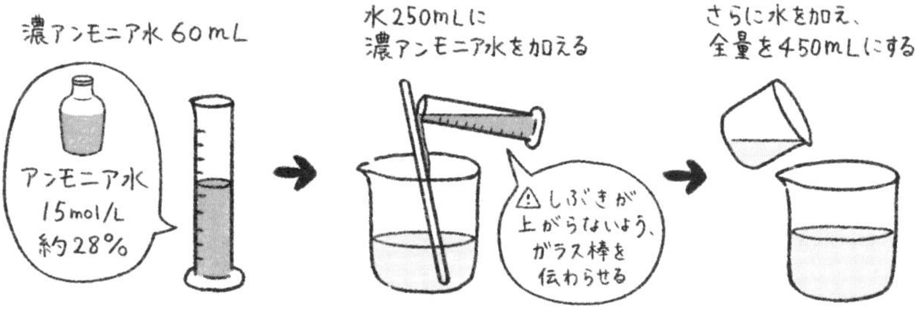

濃アンモニア水60mL

アンモニア水
15mol/L
約28%

水250mLに
濃アンモニア水を加える

⚠しぶきが
上がらないよう、
ガラス棒を
伝わらせる

さらに水を加え、
全量を450mLにする

3mol/L塩酸400mLの調整　※塩酸に鉄板やアルミニウム箔を加える時の濃度

塩酸100mL

塩酸
12mol/L
約35~37%

水250mLに塩酸を加える

⚠しぶきが
上がらないよう、
ガラス棒を
伝わらせる

さらに水を加え、
全量を400mLにする

「うすい○○」と言われても、濃度やモル濃度はどの程度なのか気になることがありませんか？ 例えば、同じ「うすい塩酸」でも濃度が異なる塩酸も販売されています。以下、濃度とモル濃度について整理しました。希釈済みを購入する場合の参考にしてください。

品名	質量%濃度	モル濃度
うすい塩酸	4％	約1.1mol/L
うすい塩酸	10%	約2.9mol/L
うすいアンモニア水	2％	約1.2mol/L

➡約3mol/L塩酸（10%）の
調整の動画⑮はこちらから

6年 ❸炭酸水に蒸発跡!? 食塩水がアルカリ性!?

内容 「水溶液の性質」

水溶液について、溶けている物に着目して、それらによる水溶液の性質や働きの違いを多面的に調べる活動を通して、次の事項を身に付けることができるよう指導する。

ア 次のことを理解するとともに、観察、実験などに関する技能を身に付けること。
- ㋐ 水溶液には、酸性、アルカリ性及び中性のものがあること。
- ㋑ 水溶液には、気体が溶けているものがあること。
- ㋒ 水溶液には、金属を変化させるものがあること。

イ 水溶液の性質や働きについて追究する中で、溶けているものによる性質や働きの違いについて、より妥当な考えをつくりだし、表現すること。

Q 教科書の結果と違い、炭酸水を蒸発乾固させると、白い跡が残ります。食塩水はアルカリ性を示すし……わけが分かりません！

A 炭酸水は商品によって、ミネラル分を多く含むことがあります。食塩にもミネラル分が多く含まれることがありますし、水道水がアルカリ性の可能性もありえます。

炭酸水の落とし穴

水溶液の学習では、炭酸水や食塩水を蒸発乾固させる実験が登場します。この時、よくある質問が「炭酸水を蒸発させると、蒸発皿に蒸発跡が残ります。教科書では、何も残らないとして、きれいな蒸発皿の写真が写っています。あと、食塩水が中性を示さずにアルカリ性を示します。どうしてでしょうか？」というものです。まず、炭酸水については、各メーカーから出されているものによって、水に含まれるミネラル分が大きく変わります。ミネラル分が多いものに関しては、蒸発跡がかなり残ってしまい、教科書通りの結果になりません。教科書通りの結果にならないことが悪いわけではありませんが、「なぜ教科書通りの結果にならず、蒸発跡が残るのか？」を追究することは、この学習の本質から外れてしまうので、できれば教科書通りの結果になってほしいところです。この問題を解決するための手段として、次のことが考えられるでしょう。

❶ミネラル分が少ない炭酸水を探す。

いくつかのメーカーを比較し、できるだけ跡が残らないものを予備実験で探しておきましょう。商品のリニューアルにより、前は跡が残りにくかったのに、今は跡が残るというケースも見られるので、毎年、単元前に確認するとよいです。

❷炭酸水を自分で作ってしまう。

水道水には、そもそもいろいろな物が溶け込んでいるので、蒸発跡がかなり残ります。そこで、薬局や実験用カタログで購入できる精製水を使用し、炭酸水を作ることが考えられます。市販の炭酸水メーカーなどを使えば、精製水で炭酸水を作ることができます。この炭酸水であれば、確実に蒸発跡が残ることはありません。

❶は労力が、❷は費用がかかってしまうことが欠点です。❷に関しては学校予算ですぐに炭酸水メーカーを買うことは難しいでしょう。仮に購入ができそうなら、この方法はおすすめです。❶は毎年、自分一人で炭酸水をチェックするのは厳しいです。ぜひ、全国の教員で力を合わせましょう。Instagramをされている先生は私のアカウント（@mogurin_rika）にダイレクトメールを送ってください。全国の理科教育に関わる方々が参加してくださっているLINEのオープンチャット（小学校理科の部屋）にご招待します。匿名で参加でき、炭酸水の情報だけではなく、理科に関わるいろいろな情報を手に入れることができます。

※ファミリーマートで販売されている「ファミマル強炭酸水」は蒸発跡が残らないことを確認しています（2023年4月現在）。

食塩水の落とし穴

「食塩水がアルカリ性を示す」これは一体どういうことなのでしょうか？これには2つの要因が考えられます。

1つ目は、食塩水を水道水で作っていないかということです。実は水道水は中性とは限りません。水道水は厚生労働省の基準により、水道施設の腐食防止のため、pH5.8（弱酸性）～ pH8.6（弱アルカリ性）と決められています。つまり、弱酸性の場合や弱アルカリ性を示す場合もあるということです（ただし私の経験上、中性もしくはアルカリ性が多いです）。そもそも弱アルカリ性の水道水を使用していた場合、いくら実験してもアルカリ性を示すのは当然のことなのです。

2つ目は、使っている食塩に問題はないかということです。実は、塩には天然塩と精製塩（食塩）が存在しています。

天然塩はいわゆる昔ながらの製法で作られたミネラルたっぷり（にがり入り）の塩です。一方、精製塩（食塩）は、原塩（主に輸入塩）を精製したもので、高純度の塩化ナトリウムを指します。実験に使えるものは後者です。天然塩や粗塩と呼ばれるものは、食塩水がアルカリ性を示すので、実験には適していないとお考えください。

ラベルがなく、自分の学校が何の塩を使っているのか分からないという場合には、とにかく予備実験をしましょう。水が原因でない場合は、塩に原因がある場合が多いです。塩は「食塩」と書かれたものを使用するようにしてください。また、確実に食塩水が中性を示す方法が一つあります。それは精製水（もしくは蒸留水）と（薬品として販売されている）塩化ナトリウムで食塩水を作るという方法です。精製水は薬局で買うことができ、500mL で 100 円ちょっとです。もちろん理科用品のカタログにも掲載されています。塩化ナトリウムはスーパーに売られている食塩に比べると、少し価格が高いですが、確実に教科書通りの結果にしたければ価値あるものと言えます。ちなみに5年「もののとけ方」で使う食塩は、スーパーで売られているような一般的な食塩でまったく問題ありません。あくまでも、中性を示してほしい実験で注意が必要ということです。

スチールウールは要注意

この単元では、「水溶液には金属を変化させるものがあること」を学習します。具体的には、塩酸（3mol/L）に鉄やアルミニウム（アルミホイル）を加え、それぞれの変化を調べるというものです。どの教科書会社でもアルミホイルを使うことは同じなのですが、鉄に関しては、鉄板もしくはスチールウールを使うというパターンに分かれます。反応としては、どちらの金属も泡を出します。これは水素と呼ばれる気体です。水素は非常に燃えやすい気体ですので、試験管に火を近付けないようにしてください。

鉄板とアルミホイルで反応を見る場合は、塩酸や水素の扱いにさえ気を付ければ、安全に実験ができます。

一方、スチールウールを使用する場合は、塩酸との反応で、卵が腐ったような異臭が発生することがあります。これは、硫化水素という危険な気体です。過去には、この硫化水素という気体を吸い込み、気分が悪くなって、病院に搬送されたという事故が小学校でも起きています。

スチールウールと塩酸との反応を調べる際には、試験管に鼻を近付けないことや、換気することを徹底しましょう。また、このにおいのインパクトが強いと、子どもによっては、鉄と塩酸が反応すると臭いにおいが発生するという誤概念を生むことも懸念されます（本来、鉄と塩酸の反応では、無臭の水素のみが発生します）。指導者は、この正しい知識をもった上で、「このにおいはスチールウールに混ざっている鉄以外のものが原因だよ」と子どもたちに伝えられるようにしておきましょう。

※鉄と塩酸の化学反応式　Fe +2HCl → Fe Cl2 + H2
塩化鉄　水素

おまけ情報

この単元ではリトマス紙を使用しますが、「青色のリトマス紙がすでに赤くなっている」という場合がよくあります。これは空気中の二酸化炭素の影響です。この場合には、濃いアンモニア水を染みこませた脱脂綿と変色した赤色リトマス紙をチャック付きポリ袋などに一緒に入れておくと、赤色が青色に戻り、再び使用できるようになります。

参考文献・URL

「食育大事典」日本食品薬化
https://shokuiku-daijiten.com/mame/mame-1591/
藤本聡司「小学校の教科書実験での児童のちょっとした疑問を思考につなげる工夫 - 分からないで終わらないために」日本化学会『化学と教育』68巻4号，2020

6年 ❹月と太陽の指導は難しい！

内容「月と太陽」

月の形の見え方について、月と太陽の位置に着目して、それらの位置関係を多面的に調べる活動を通して、次の事項を身に付けることができるよう指導する。

ア 次のことを理解するとともに、観察、実験などに関する技能を身に付けること。
　(ア) 月の輝いている側に太陽があること。また、月の形の見え方は、太陽と月との位置関係によって変わること。

イ 月の形の見え方について追究する中で、月の位置や形と太陽の位置との関係について、より妥当な考えをつくりだし、表現すること。

Q 月と太陽の指導に自信がありません。どうしたらよいでしょうか？

A **この単元は小学校の理科の中でも指導が難しい学習と言えます。大丈夫です。この単元の指導に自信があるという先生はほとんどいません(笑)これまでにも様々な研究がされていますが、これだ！ という指導方法は未だに確立されていないのが現状です。私自身も四苦八苦しています。できることを確実にやっていきましょう。**

実験自体がうまくいかないことも

各教科書には、暗室でボールに光を当てる実験が紹介されています。この実験は、グループごとに実験すると、それぞれの光源が干渉し合い、ボールの陰影が不明確になってしまうなどの問題点が挙げられます。実験を行う際には、光源を１つにするなどの工夫も必要です。また、理科室の環境（暗幕の有無など）に左右されないように、教科書記載の実験方法以外も知っておくと、指導の幅が広がります。

月モデルを作っておこう

この単元は、教科書通りに月の満ち欠けのモデル実験を行っても、一度の実験では、その仕組みをなかなか理解できない子どもが多いです。単元の終末に行う練習問題により、理解が不十分な子が存在することが発覚した場合、光源などを再び用意し、理科室で再度実験を行う、ということは時数の関係などからも現実的ではないと言えるでしょう。そこでおすすめしたいのが、発泡スチロール球を半分黒く塗りつぶした月モデルを用意しておく方法です。

このモデルを人数分用意しておけば、教室で再度実験することが容易です。スチロール球に割りばしなどを差し込み、手に持ちます。太陽と月の位置関係を考えながら、腕を伸ばし、モデルを観察すると、月の形が見かけ上変わっていることがつかめます（この時、黄色く塗りつぶした側が常に、太陽の向きにあることは説明しておく）。

ただし、このモデル実験は、下弦の月の観察や光源を用いた実験で、「月は常に半分、太陽光により照らされている」ということを理解した上で行うようにしてください。光源を用いた実験をしていない状態で、半分黒く塗りつぶされた状態の月モデルを見ても、子どもが混乱してしまうでしょう。

月モデルの作り方

❶ 発泡スチロール球の半分を水性絵の具で黄色く塗る（発泡スチロール球をよく見ると、半分のところにラインが入っている）。

❷ 発泡スチロール球に竹串を刺す。それを発泡スチロールなどに刺して乾燥させる。

❸ 反対側を黒く塗り、再度乾燥させて完成。

水性スプレーを使う方法ももちろんOKですが、結果的に半分だけ塗るのは手間がかかるので、絵の具で十分です。なお、スプレーを使う際には、油性のものだと発泡スチロールが溶けてしまいますのでご注意を！

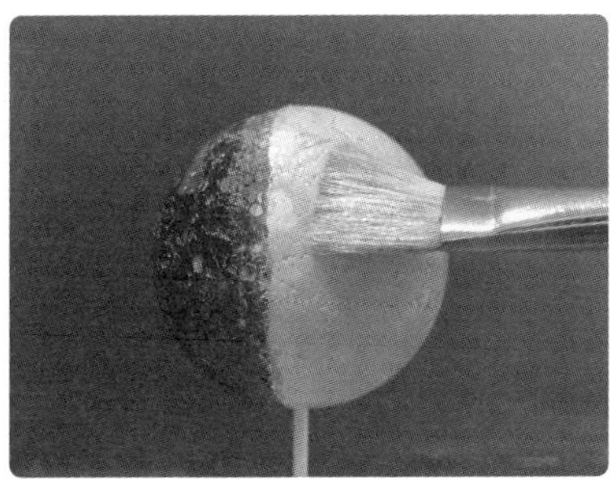

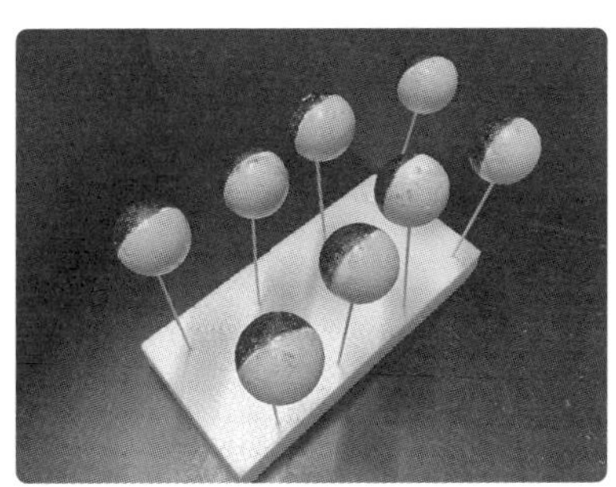

月の観察も大切

この単元では、午前中に見える下弦の月（月齢約 22）や太陽の位置を観察し、2～3日後の同じ時刻に、もう一度それぞれの位置関係を調べます。このことにより、月の輝いている側に太陽があることや、月の位置は日によって変わり、月の形も変わって見えることが分かります。この観察においても、やはりネックとなるのが「天気」です。また休日を挟むと、これまた学校では観察ができなくなってしまいます。この解決策としては、「単元期間内での観察にこだわらない」ということが大切です。この単元が後に待っていることを年度当初から想定し、常に月や天気の様子をチェックしておきましょう。朝の通勤途中に、月がきれいに見えていることもあると思います。仮に時間割変更が可能ならば、その時、子どもたちと共に観察をしたり、最悪の場合を想定して、動画や写真を撮影したりするとよいです。

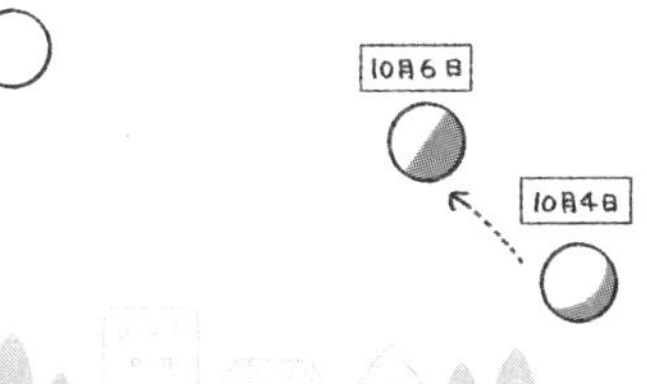

参考文献

相場博明「地球視点による月の満ち欠けの指導と『月の満ち欠け説明器』の開発」日本理科教育学会『理科教育学研究』56巻2号,2015

柳本高秀「月の満ち欠けの理解不足を生む要因とその対策」北海道立教育研究所附属理科教育センター『研究紀要』第29号,2017

山口晃弘『中学校理科室ハンドブックー理科好きを育てる魅力ある授業を目指して』大日本図書,2021

6年 ❺地層の堆積実験は時間がかかる！

内容「土地のつくりと変化」

土地のつくりと変化について、土地やその中に含まれる物に着目して、土地のつくりやでき方を多面的に調べる活動を通して、次の事項を身に付けることができるよう指導する。

ア 次のことを理解するとともに、観察、実験などに関する技能を身に付けること。
　(ア) 土地は、礫、砂、泥、火山灰などからできており、層をつくって広がっているものがあること。また、層には化石が含まれているものがあること。
　(イ) 地層は、流れる水の働きや火山の噴火によってできること。
　(ウ) 土地は、火山の噴火や地震によって変化すること。

イ 土地のつくりと変化について追究する中で、土地のつくりやでき方について、より妥当な考えをつくりだし、表現すること。

Q 地層の堆積実験を予備実験したところ、とても時間がかかってしまいました。土砂が堆積する様子をずっと観察させるのも、子どもの集中力がもちません。何かよい方法はないでしょうか？

A 堆積するスピードを速める方法はありますが、そもそも時間がかかるものとして捉え、時間割の工夫やICT端末の活用で乗り切りましょう！

「土地のつくりと変化」の学習では、流水の働きで地層ができるという予想や仮説に対して、川に見立てた雨どいなどから、海に見立てた水槽に土砂を流し込み、土砂が堆積する様子を観察するという実験が登場します。いわゆるモデル実験というものです。複数回、水と土砂を流し込むことにより、砂と泥の層が出来上がります。砂と泥の重さの違いにより、水に沈む速度が異なるからです。

この実験では運動場の土やホームセンター等で購入できる真砂土を用いて実験をします。真砂土を用いる場合は、p.71 と同様、ふるいにかけて 2mm 以上の礫を取り除いておきましょう。1回目の注水でうまく泥と砂の層が出来上がっても、2回目の注水時に、礫が泥を巻き上げてしまう可能性があるからです（角度をつけるなどして水を勢いよく流しすぎることも、1回目の層がすべて巻き上げられる原因となります）。1回目と2回目の注水には、およそ6分〜8分間隔をあける必要があります。となると、層を作るためには、20分〜30分は時間が必要となります。土（砂と泥が混じったもの）を流し込むこと自体は数分でできる作業ですので、ほぼ観察の時間となるのがこの実験です。仮に堆積するスピードを少しでも速めたければ、注水する水や水槽の水に食塩水（3%程度）を用いるとよいです（食塩水には泥などを集める効果があります）。ただし、これも劇的な効果を見込める方法ではありません。そこで、以下の工夫が考えられます。

時間割の工夫＆ICT端末の活用

例えば、理科の時間を2・3時間目に設定しておきます。中間休みが設定されている学校であれば、2時間目の終盤に、まず1回目の注水をし、その様子をICT端末のカメラで撮影しておきます。そして、中間休み明けの3時間目に2回目の注水を行います。2回目の注水後、堆積するまでの間は、堆積する様子を実際に観察したり、1層目の様子をスケッチしたりすることで、手持ち無沙汰になることはありません。また、1回目の様子を撮影しているので、必要に応じて、動画でその様子を確認することもできます。3回程度流し込むことができれば、層状になっていることがよく分かりますが、2回でも層になっていることは掴めるでしょう。

理科の時間割設定は、4・5時間目、6時間目と翌日の1時間目というような取り方もできます。この実験の時間だけは、理科室の割り当てを柔軟に設定し、乗り切っていきましょう！ 実験の詳細は、動画をご覧ください。小さめの虫かご水槽を用いた方法と100円ショップで購入できるコレクションケースを水槽代わりにした方法です。

❻ホウセンカが枯れないか心配……

内容「植物の養分と水の通り道」

植物について、その体のつくり、体内の水などの行方及び葉で養分をつくる働きに着目して、生命を維持する働きを多面的に調べる活動を通して、次の事項を身に付けることができるよう指導する。

ア 次のことを理解するとともに、観察、実験などに関する技能を身に付けること。
　(ア) 植物の葉に日光が当たるとでんぷんができること。
　(イ) 根、茎及び葉には、水の通り道があり、根から吸い上げられた水は主に葉から蒸散により排出されること。

イ 植物の体のつくりと働きについて追究する中で、体のつくり、体内の水などの行方及び葉で養分をつくる働きについて、より妥当な考えをつくりだし、表現すること。

Q シロバナホウセンカの水やりが大変です。せっかく育てたのに、3連休があると枯れていないか心配で。何かよい方法はありませんか？

A 底面給水という方法がおすすめです！

6年「植物の養分と水の通り道」の学習では、どの教科書においても、「ホウセンカ」が採用されています。特に、根から吸い上げられた色水の行方が分かりやすいとして、シロバナホウセンカが重宝されています。しかし、残念ながら、シロバナホウセンカの種子だけを売っているところは基本的にはありません。どうしてもシロバナホウセンカの種子が欲しい場合は、ホウセンカの種子を購入し、育て、白い花を咲かせたものから種子を集めるという方法が現実的です。一度、そのようにしておけば、翌年以降はシロバナホウセンカの種子だけを学校単位で引き継いでいくこともできます。

また、ホウセンカの育て方に関しては、土に直に植えるのではなく、できればポットや鉢などで育てた方が、室内に持ち込みやすく、実験しやすくて便利です。一方で、ポットや鉢に植えるとなると、土日や連休などの水やりが心配になるのではないでしょうか。実際、私自身もせっかく育てたホウセンカが3連休の間に枯れたらどうしよう、水やりにいかなければ……と怯えることが多かったです。そんな時に教えてもらった方法がこちらです。

底面給水がおすすめ

底面給水とは、その名の通り、底面から土に水をしみ込ませて根から水やりをする栽培方法のことです。とても簡単で、よく理科室にある深さ 4cm ほどのトレーに水をたっぷりはっておくだけです。休日の前に水やりが不安な場合は、この方法でセットしておくと安心です。この方法を先輩に教えていただいてからは、水やりの不安が解消されました。

ちなみにシロバナホウセンカの種子をお持ちの方は、実験用のポットと種取り用の直植えを用意しておくと、来年度以降も種の心配がいりません。ぜひ学校体制で、シロバナホウセンカの種子を育てていきましょう。

また、この方法は別の植物教材に対しても使えます。例えば 5 年「花から実へ（結実）」の学習では、アサガオを扱っている教科書もあります。アサガオを使う場合、受粉実験は屋内の落ち着いた環境の方が作業しやすいため、鉢で育てることが理想的です。教科書によっては、長期休暇明けに単元を実施していることもあるので、この底面給水の方法が効果を発揮します。

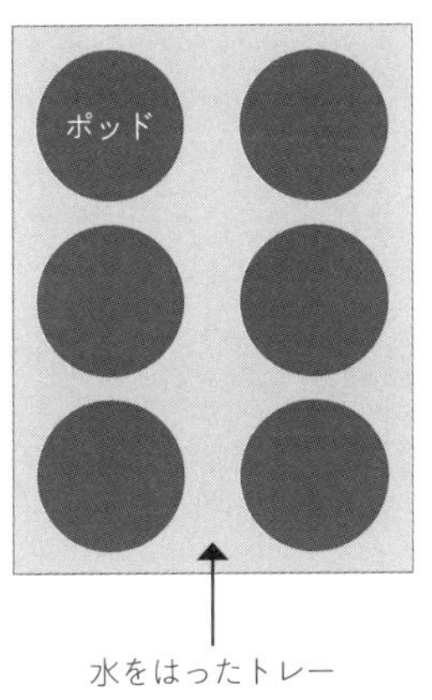

column3

その他のお悩み   

3年「物と重さ」

Ⓠ 粘土の形を変えた時の重さを調べる実験で重さが0.1g変わりました。誤差だと思うのですが、そこにこだわる子どもがいて、うまくまとめられません。どうしたらよいでしょうか？

Ⓐ 電子てんびんは1g単位のものを使いましょう！ 学校に0.1g単位のものしかない場合は、0.1gの部分をシールで隠すとよいでしょう。もうすでに実験をした場合には、電子てんびんは少しの振動などでもくるってしまうことが多いということを伝えるしかありません。

4年「水のすがた」

Ⓠ 水が100℃で沸騰しないのはなぜですか？

Ⓐ 実験で使う棒温度計は「全浸没式」と呼ばれるものです。本来、全浸没式は内部の赤い部分がすべて水に浸かっている時、はじめて本当の温度を示します。実験では赤色の部分が水に少ししか浸かっていないので100℃を示さないということになります。水を冷やす実験でも同じことが言えるので、教科書では沸騰する温度を100℃付近、凍る温度は0℃付近としています。

Ⓠ 沸騰石は乾かせばまた使えますか？

Ⓐ 使えません！ 沸騰石は一度使うと、微細な穴に水の不純物が詰まってしまうので、使い切りです。

5年「電磁石の性質」

Ⓠ 100回巻コイルと200回巻コイルを作りました。100回巻コイルの方のエナメル線が余っていて邪魔なので切ってもよいですか？

Ⓐ ダメです！ 100回巻コイルと200回巻コイルのエナメル線の長さが変わると、「巻き数」だけでなく、「長さ」の条件も変わってしまいます。

6年「水溶液の性質」

Ⓠ 水溶液を蒸発させる実験ですが、蒸発皿の枚数が明らかに足りません。洗って再度使いまわせばよいですか？

Ⓐ ダメです！ 蒸発皿は急な温度変化で割れてしまいます。加熱後の蒸発皿は、自然に冷えるのを待つようにしてください。蒸発皿の枚数が足りない場合には、各班で分担して水溶液を蒸発させ、結果をICT端末などで共有する方法も考えられます。実験回数を確保するのは素晴らしいことですが、安全を最優先に、学校にある道具で無理のないように行いましょう。

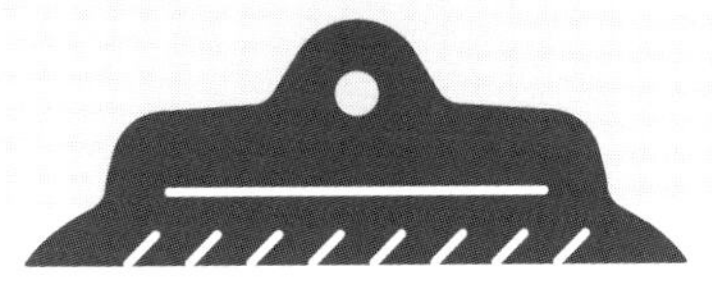

chapter

5

理科が苦手な人必見！おすすめアプリ&サイト集

Stellarium Mobile
—スターマップ

iOS、Androidともに使えるアプリです。
(以下、App Storeより抜粋)
Stellarium Mobileは、星空を見上げた時に見えるものを正確に表示するプラネタリウムアプリです。携帯を空に向けるだけで、上空の恒星、星座、惑星、彗星、衛星（国際宇宙ステーション）など、その他の遠距離天体をほんの数秒でリアルタイムに識別します。

こんな時に使える

宿泊学習での夜の天体観察会で、指導をお願いされたけど、どれが何の星か分からないし、イマイチ自信がないなぁという時。

使い方

使い方は至って簡単！ アプリを開いたら、スマホを空にかざすだけ！ その時の星空の様子がスマホ画面に投影されるので、あとは子どもたちに、あの星があれで……と（あたかも星のプロのように）解説するだけ。

web 版もある！

この Stellarium には web 版（Stellarium Web Online Star Map）もあるため、PC にダウンロードせずとも使うことができます。プロジェクターで投影すれば、プラネタリウム気分が味わえます。場所や時間を設定すれば、その日の星空を映し出してくれます。時間を進めると、星の動きも分かるため、4 年の星の単元の確認としても使うことができます。

Stellarium Web Online Star Map のロケーション設定方法

Stellarium Web Online Star Map ではロケーション設定が必要です。以下の手順で設定し、自分たちの学校の星空の様子を観察してみてください。

Stellarium Web
Online Star Map

https://stellarium-web.org/

chapter 5
理科が苦手な人必見！おすすめアプリ・サイト集

chapter5 02

Google レンズ

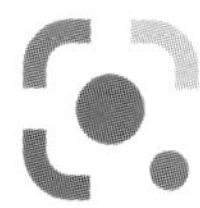

今や市民権を得たカメラAIアプリです。昆虫や植物の名前だけでなく、宿題の答え合わせまでできてしまうすぐれもの。Andoroid だけでなく、iPhoneにも対応しています。GoogleレンズはGoogleアプリの検索バーにあります。

大﨑先生～！ この植物なんて言う名前ですか？担任の先生に聞いても分からなくて、理科の大﨑先生に聞いてごらんって言われたので来ました！

えっ？ あー、○○さんはなんだと思う？ まずは自分で調べて見るのが大切だよ（心の声：理科専科だからって、植物の名前何でも知ってると思うなよー！ 涙）

みなさんはこんな経験ありませんか？ 僕はこんなシーンを山ほど経験しました。「自分で調べてごらん」が続くと、「えっ？ 理科の先生なのに知らないの？」と思われる気がしたので、そんな時にはこっそり Google レンズを使っていました（笑）もちろん Google レンズも万能ではありませんが、精度は高いです。ある程は候補を絞ってくれるので、その先は子どもと一緒に同定を進めてみてはどうでしょうか。

使い方

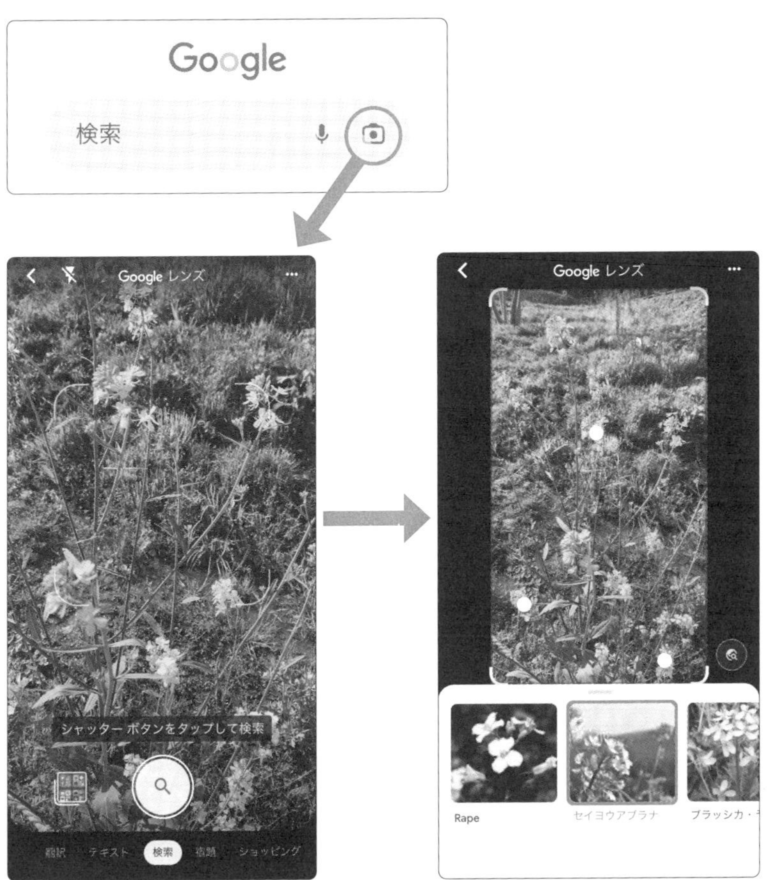

iPhoneでは

Google アプリの検索バーのカメラアイコンをクリックし、調べたい植物などを撮影する。

chapter5 03

月の満ち欠けAR+Jr

月の満ち欠けの学習はとても難しい課題です。このアプリは、地上から月や太陽の日周運動を観察できます。また、太陽、月、地球を北極上空から見る平面図上に立体モデルを拡張現実（AR）で表示させることもできます。さらに、地球上に観察者（アバタ）を表示させ、タブレットを持つあなたがアバタを追いかけることもできます。

こんな時に使える

p.109～111でも述べたように、6年「月と太陽」の学習は、とても指導が難しい単元です。教科書通りの光源を用いたモデル実験はもちろんのこと、p.110で紹介した月モデル、さらにはICTの活用も手段として知っておくとよいでしょう。

使い方

このアプリは、月の満ち欠けをARで学習できるものです。地上視点から月と太陽の日周運動を確認したり、宇宙視点に切り替え、月の満ち欠けについて調べたりすることができます。地球上にアバタを表示させることもできるので、地球からどのように月が見えているのかをイメージしやすくなります。場所を問わずに、使えるところが非常に便利なアプリです。

そもそも、自分自身が月の満ち欠けについての学習に自信がないという先生も、まずは自分が理解するために使ってみてはいかがでしょうか？

chapter5 04

教育出版「わくわくサイエンス」学校図書「観点別評価問題例」

実は、各教科書会社のwebサイトには、いろいろな教科に関する情報や資料などが載せられています。ここでは、理科指導に使える２社のホームページを紹介します。

こんな時に使える

● 教育出版「わくわくサイエンス」

「もうすぐ新しい単元だけど、教科書の展開では、イマイチ子どもたちが乗ってこないような気がするな」……そんな時に使えるサイトが教育出版「わくわくサイエンス」です。3～6年の学年別に、様々な観察、実験、工作のアイデアが掲載されています。その数、なんと50以上！ 理科の授業に新たなアイデアを与えてくれそうなものもあるので、ぜひ一度チェックしてみてください。

● 学校図書「観点別評価問題例」

「どうしても理科の授業準備が間に合わない！ 理科の問題プリントでもあればなぁ」……教師として仕事をしていると、こういう状況はありますよね。そんな時に助けとなるのが学校図書「観点別評価問題例」です。単元に関する問題集と解答が公開されています。PDFデータなので、問題や解答をタブレットで送信することもできます。

教育出版
わくわくサイエンス

3年

4年

5年

6年

学校図書 小学校理科 観点別評価問題例

chapter5 05

NHK for School「ものすごい図鑑」九州大学「3D生物標本」京都教育大学「生物観察支援システム Ⅰ」

どのwebサイトも、生き物（昆虫など）を全球型で観察することができます。NHK for School「ものすごい図鑑」では、取り扱う生き物の秘密や動画があるので、より詳しく生き物に迫ることができます。サイトによって生き物の種類などが異なります。

こんな時に使える

「うわぁ、リアルな昆虫の観察をするのはちょっと苦手。標本もいやだなぁ」たくさんの子どもたちと関わっていると、このように思う子どもも少なくありません。そんな時に便利なのが、3Dのデジタル標本です。最近では、大学の研究の一つとして、たくさんの種類のデジタル生物標本がネット上に公開されています。実物の昆虫が苦手な児童でも、ネット上の3Dであれば観察できることもあるでしょう。

使い方

例えば3年「昆虫を育てよう」の学習では、いくつかの種類の昆虫を比較することで、からだのつくりについて共通する部分を見つけることがポイントとなってきます。校内にはたくさんの種類の昆虫がいない……、そんな時にはこの3D生物標本が大活躍することでしょう。

NHK for school
ものすごい図鑑

九州大学
3D生物標本

京都教育大学
生物観察支援システム Ⅰ

chapter5 06

お茶の水女子大学「理科教材データベース」

お茶の水女子大学のプロジェクトチームが立ち上げたwebサイトです。小学校・中学校の理科の教材案が数多く掲載されています。

こんな時に使える

教科書に書いてある実験方法だとうまく結果が出ない……教科書の実験方法以外に何か手軽に準備できる方法はないかなと感じることはありませんか？ そんな時にまず見ていただきたいのが、この「理科教材データベース」です。

使い方

「分野」や「学年」ごとに、教材を検索することができます。p.93〜95で紹介した「流水実験装置」はこのサイトを参考に作成しました。以下、サイト内のおすすめの教材集です。

- 6年「植物の養分と水の通り道」 簡単なでんぷん反応実験
  ➡安全にエタノールを脱色する方法が提案されています。

- 4年「月と星」 星の動き
  ➡ICT端末をうまく活用した、星の動きを学習する方法が提案されています。

- 6年「月と太陽」 月の満ち欠け
  ➡工作用紙や塩ビミラー、ピンポン球を用いて、月の満ち欠けの仕組みが理解しやすい教材を作成する方法が紹介されています。

お茶の水女子大学
理科教材データベース

京都市青少年科学センター「理科オンライン事典」

京都市青少年科学センターのwebサイト内にある「理科オンライン事典」です。「自然観察」「科学実験・工作」「理科のお話」の３つのカテゴリーで、理科の授業づくりなどに役立つ情報が発信されています。

こんな時に使える

「単元が思ったよりも早く進んだので、時数が余っているな」「あー！ 明日、科学クラブだった！ 何もネタを用意していない……」

理科専科や理科主任を一度でも経験したことのある人は、こんな場面ありませんか？ 余談ですが、私は教員生活の中で、科学以外のクラブを受け持たせてもらったことがありません（笑）

そんなピンチな状態を助けてくれるのが、この「理科オンライン事典」です。私も何度もお世話になっています。

使い方

特におすすめなのが「科学実験・工作」のページです。準備が手軽で、面白い実験や工作がたくさん紹介されています。例えば、次のようなものです。

- よく弾むシャボン玉
- 厚紙で作るブーメラン
- 細長風船ロケット

急な担任代行や、学年末のお楽しみなど、様々な場面で活用できると思います。ぜひ一度ホームページをのぞいてみてください。

京都市青少年科学センター
理科オンライン事典

column4

実験動画は悪なのか？

「この単元、天気が悪くて、実験動画で済ませてしまいました」

「実験したのですが、教科書通りの結果にならなくて、実験動画を使ってしまいました」

このようなお悩み相談をよく受けます。結論から言えば、「大丈夫です。誰しもが通る道です（笑）」とお答えしています。

実験動画を用いることを、まるで「悪」と捉える先生もいますが、そのように思う必要はまったくありません。（もちろん最初からすべてを実験動画で済ませようとするのはダメです！）

天気などに左右される実験は、スケジュールの都合でうまく調整できないことが多いです。全力を尽くしたけど、苦肉の策で動画になってしまった。このことについては、どうしようもありません。むしろ最善の策と言ってもいいと思います。

天気がよい日を待って、単元を途中で後回しにして、スケジュールを調整して……というような先生もいますが、単元が中途半端な状態で過ごしていると、何だか気持ちが悪く、スッキリしませんよね。それならば、いっそ教科書や実験動画を有効に活用し、一通り単元を終えた後で、天気がよい日を狙って実験をする、というパターンもアリだと思います。

要は、軽重つけていこう！ ということです。1年間、もしくは小学校4年間という（中学校含めば7年間）スパンで理科を学習するわけですから。天気などに左右され、観察、実験がうまく進まなかった時は、あまり気にせず、次の単元を頑張ろう！ くらいのゆとりをもっていきましょう。

しかし、実験がうまくいかなかったから動画で押さえるというパターンの時には、ぜひ「どうして教科書通りの結果にならなかったのか？」と考える時間を取るようにしてください。自分たちの検証方法を見つめ直すことは、科学的な思考を働かせることにつながります。もう一度再検証ができれば、最高の学習になるでしょう。

column5

ICT 活用を次のフェーズへ

多くの学校で、ICT 端末の活用が進んできました。理科の学習は他教科に比べ、活用方法が比較的分かりやすいと言えます。最も分かりやすい活用方法は、「写真・動画の撮影」です。雲の動きや植物の成長の様子など、これまでスケッチでしか表す手段がなかったものが、ICT 端末の登場によって一変しました。しかし最近、このような光景をよく目にします。

一見よくある光景ですが、この活用方法ばかりなのは少しマズいのではないか？私はこのように思っています。その理由は、撮影している子どもが、まったく実物に目を向けず、フィルター越しでしか観察ができていないからです。これでは、理科の学習として本末転倒です。例えば、「肉眼では結果が分かりにくいから、端末で撮影してじっくり見てみよう」これなら、分かります。「とにかく写真や動画を撮りまくればいい！」もしも、子どもたちがそのように思っているなら、指導が必要です。「とりあえず撮影しておこう」というレベルであれば、ICT 端末は人が持つのではなく据え置き、もしくは何かに固定して撮影する方法がよいでしょう。固定して撮影することで、実物をしっかり観察できますし、もちろん後で実験結果を見返すこともできます。また、実験の様子だけでなく、準備段階から撮影をするのもよいでしょう。もしも、他の班の実験結果と大きなずれがあった場合に、自分たちの実験手順を振り返り、問題点がなかったのかを見返すことができます。最近では、ICT 端末を固定できる実験用スタンドも登場しています。そのような便利アイテムも使いながら、ICT 活用を次のフェーズへと進めていきましょう。

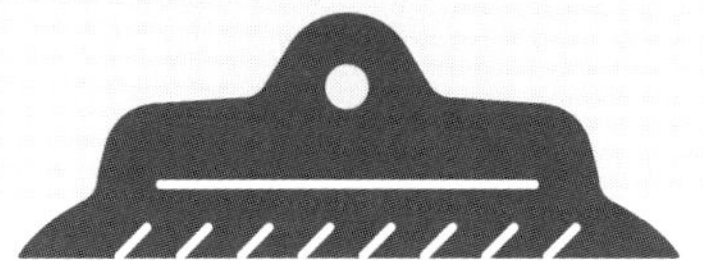

chapter
6

子どもが輝く夏になる！自由研究の指導のコツ

chapter6 01

そもそも自由研究の意味とは

みなさんの学校では夏休みの宿題として、自由研究を出していますか？ 必須の宿題として出している、自由課題の一つにしている、出していないなど、様々だと思います。私、個人の意見としては、夏休みの宿題として自由研究を必ず出したほうがよいとは思いません。

なぜなら自由研究は、準備の都合などから保護者の協力が必要不可欠だからです。自由研究を宿題として出すことにより、苦しむ児童、保護者はいないか、そのようなことも含めて、総合的に判断するようにしましょう。また、出すとしても、その意図をしっかりと言えるようにしましょう。毎年恒例だから何となく続けている、ではなく、自由研究という課題を通して、どのような力を付けたいのか、そこを明確に保護者に提示できないようであれば、控えるようにしたほうがよいでしょう。

よくある自由研究のテーマ一覧

物理分野（エネルギー領域）

- よく飛ぶ紙飛行機の作り方
- 野菜の浮き沈み
- 色による温まり方の違いを調べよう

化学分野（粒子領域）

- スライムを作ろう
- 10円玉ピカピカ実験
- スケルトン卵を作ろう
- ムラサキキャベツで水溶液を調べよう
- 割れにくいシャボン玉を作ろう
- 結晶作り
- 色々な液体を凍らせてみる

生物分野（生命領域）

- セミの抜け殻採集
- ダンゴムシの交替性反応
- アサガオやトマトの観察

地学分野（地球領域）

- 打ち水実験
- 月の観察

小学生の自由研究では、台所にあるものでできる化学分野の実験が多くなる傾向があります

chapter6

02

学校でできる支援

自由研究の宿題を出すと決めたならば、夏休みを迎えるまでに、保護者に向けてお便りを出しましょう。自由研究のねらいや保護者に協力いただきたいことは最低限書くようにし、低学年の場合であれば、まとめ方の例（ノート、模造紙などの形式も含む）もあわせて示すとよいです。理科の学習が始まっていない低学年にとっては、子どもも保護者も、進め方を理解できていないものだと考えたほうがよいです。学校で何も指導をしていないのに、保護者に任せる……これは保護者への負担がとても大きいので、絶対にやめておきましょう。その他の支援としては、３つ挙げられます。

１つ目は、夏休み前の理科の時間に自由研究のテーマ決めや計画を立てる時間を取りましょう。最近ではインターネット上の自由研究応援サイトが充実しています。ICT 端末の活用、もしくは図書室の利用も考えていきましょう。

２つ目は、実験器具の貸し出しです。子どもの研究テーマによっては、顕微鏡などが必要になる場合もあります。理科室に、使っていない古い顕微鏡などがある場合は、管理職に相談の上、貸し出し可能な場合はぜひ貸してあげましょう。もちろん、貸し出し表などを作成してきちんと管理すること、保護者の同意を得ることが必要です。

３つ目は、保護者を交えた相談会の実施です。これは立場にもよりますが、私が理科専科をしていた時には、夏休み前の個人懇談会の時間がフリーの時間になっていました。その時間を利用し、相談会を実施することで、直接保護者とお話しする機会が得られます。保護者にとっても、自由研究は不安材料になりますので、この時間にできるだけ先を見通した計画が立てられるようにアドバイスをしていました。

このように、自由研究を宿題として課す場合には、子どもや保護者が夏休み中に路頭に迷わないよう、できる支援はすべてしておきましょう。

chapter6 03

完成度の高い自由研究に仕上げるには？

ここでは、上級者レベルを目指す自由研究についてお話ししましょう。意識の高い保護者や子どもたちは、せっかく自由研究をするならばコンクールで入賞を目指す！ というケースもあるでしょう。そんな時に頼りにされるのが、やはり学校の先生です。「いや、私は理科専門じゃないので……」というのは、残念ながら言い訳にしかなりません（笑）できる限りのアドバイスをする努力をしていきましょう。実は、完成度の高い自由研究にはちょっとしたコツがあるのです。

テーマ設定で7割決まる――ちょい足しで独創的なテーマ設定へ

テーマ設定が7割。少し大げさかもしれませんが、あながち間違ってはいないと思います。コンクールでは、本当にたくさんの似たり寄ったりのテーマが集まってきます。その中で独創性を出すのは至難の技です。もちろん、いきなり独創的なテーマを思い付く子どももいるでしょうが、ほとんどの場合はそうではありません。そこで、ちょっと差の付くテーマ設定について述べていきます。

❶ まずはwebサイトを真似る
❷ うまくいかなかったことや失敗したこと、気になることが生まれた場合、それらについて研究する
❸ タイトルは最後に決める

この方法は最もシンプルかつ、効率がよいです。まずは真似から始めることでハードルが低くなります。また、化学系のネタであれば、材料や分量などを変えるだけでもオリジナリティは出ます。

❶ webサイトなどから気になるテーマを見つける
❷ タイトルに少し付け足してみる

これだけでは、よく分からないと思いますので、もう少し詳しく説明します。例えば、「よく飛ぶ紙飛行機を作る」これは、よくあるテーマです。そこで「**4歳の弟でも、**よく飛ぶ紙飛行機を作る」に変えてみましょう。これなら、どうでしょうか？ 紙飛行機を工夫するだけでなく、4歳の弟に上手に投げるコツも教えないといけませんので、「投げ方」についても研究が必要となります。もしかすると「投げ方」だけではダメで「発射装置」を作る必要も出てくるかもしれませんね。「割れにくいシャボン液を作る」も「**自然にあるものを使って**、割れにくいシャボン液を作る」に変えてみましょう。このテーマであれば、まずは割れにくいシャボン液の条件を調べた上で、その素材を自然のものに置き換えていくという展開が期待できます。このように「制限」を加えることが、逆に独創的で深みのある研究へとつながることがあります。子どもたちに指導する際には、テーマ設定に工夫ができるよう、個別に声をかけたり、具体例を提示したりするようにしてみましょう。

1つの実験で終わらない

これは自由研究をレベルアップする上で欠かせない条件です。ほとんどの自由研究は「テーマ→計画や方法→予想→観察、実験→結果→考察→結論」という形で終わってしまっています。もちろんこれが悪いわけではありませんが、一段階上の自由研究を目指すのであれば、ここからさらに観察や実験を追加しましょう。ただし、何でもかんでも追加すればいいわけではありません。最初の実験で、うまくいかなかったことや疑問に思ったことをさらに観察や実験で確かめる、この流れがとても大切です。この流れを繰り返していくと、自然と深まりのある自由研究となります。

おすすめサイト集

- スリーエム仙台市科学館「自由研究の進め方」
- 荒木健太郎「科学者になれる！すごすぎる自由研究ガイド」researchmap

スリーエム
仙台市科学館
自由研究の進め方

column6

Teamsを用いた理科専科のプラットフォーム

私が所属する京都理科研究会では、自治体内で扱っている Microsoft Teams を利用して、理科指導に不安がある先生がいつでも気軽に相談できる場をつくっています（若手からベテランまで 300 名以上が参加)。こういったコミュニティのよいところは、近隣の小学校の先生にヘルプを求められるところです。例えば、「ホウセンカが枯れてしまいました。どなたかお譲りいただけないでしょうか？」と投稿すれば、近隣の小学校の先生が「ホウセンカをたくさん育てていて、余分がありますよ！」と答えてくださり、無事に教材を入手できる、というケースもあります。理科指導に対する困り事を相談できる場は、SNS を使えば簡単に作ることができますし、たくさん存在しています。しかし、さすがに全国規模のコミュニティになると、教材の貸し借りや譲り合いといったことは難しいでしょう。一方、自治体内の小さなコミュニティであれば、そういったことも可能です。全国的に有名な先生が講師を勤めるセミナーに参加するのもよいですが、まずは自治体内の研究会などに参加してみましょう。もしまだ存在しないのであれば、ぜひ旗振り役となって、コミュニティをつくってみてください。横のつながりを増やしていくことが、よりよい理科の授業づくりにもつながっていきます。

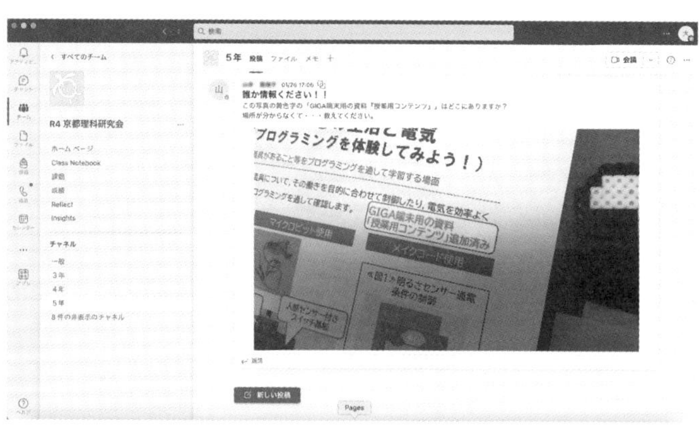

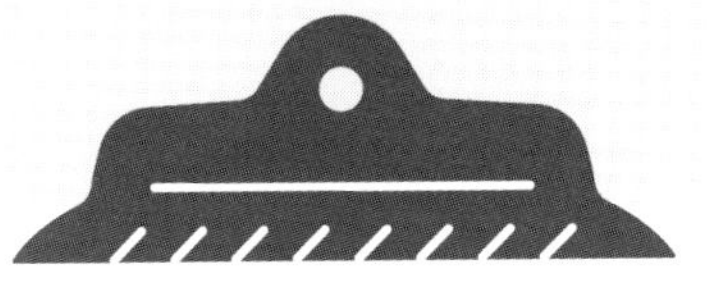

chapter
7

安全で使いやすい理科室づくり

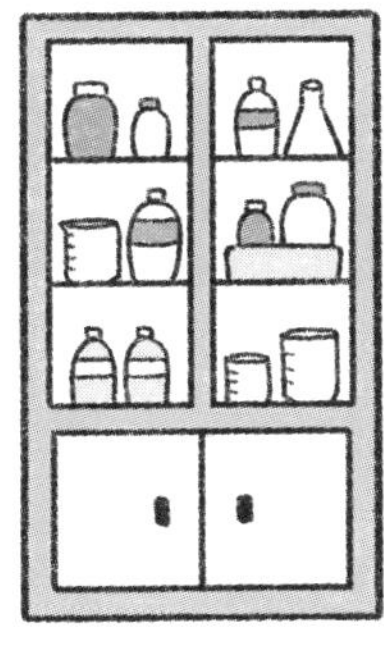

chapter7 01 薬品庫を整理しよう

理科専科＝理科主任とは言い切れないかもしれませんが、やはり専科である以上は理科室経営も大切な業務の一つとなります。

理科室や理科準備室関係の質問で最も多いのが、薬品庫に関する悩みです。みなさんの学校の理科準備室にある薬品庫は整理できているでしょうか？ よく、「ラベルのない薬品や教科書に出てこないような薬品があるのですが……」という質問を受けることがあります。「いつか使えるから」「よく分からないから、ほうっておこう」と思う方もいるかもしれませんが、そうしたことの繰り返しによって、薬品庫はどんどん荒れてしまいます。ぜひ「ラベルのない薬品や教科書に出てこない薬品は思い切って処分する！」を念頭に、薬品庫の整理をしましょう。ちなみに薬品の処分の仕方は各市町村、自治体によって異なります。まずは、管理職の先生を通じて、自治体の教育委員会などに問い合わせていただくのが一番かと思います。では、薬品庫の分類の仕方の一例を見てみましょう。

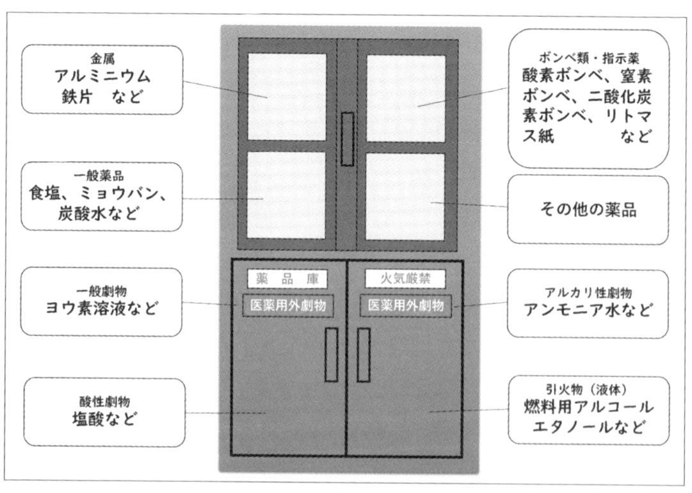

※アンモニア水、塩酸、ヨウ素溶液は「劇物」に指定されているため、保管場所に「医薬用外劇物」の文字を表示することが定められています。

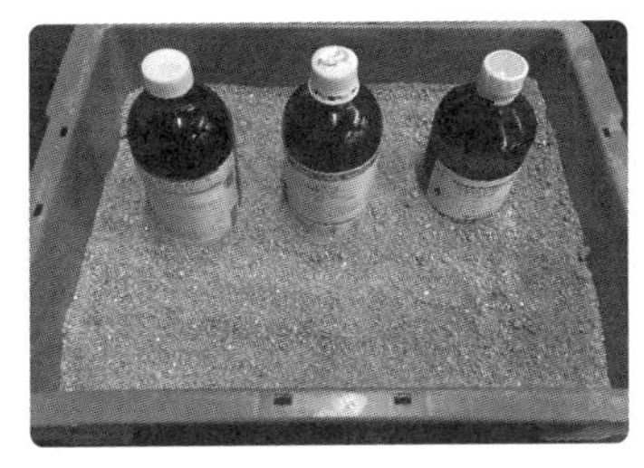

保管する時の分類方法は様々ですが、ここでは、小学校で扱う薬品類のみ保管した場合を図示しました。このように見てみると、小学校で扱う薬品はかなり限られていることがよく分かります。必要な量のみを保管しておけば、管理はとても楽になります。アルコール類の保管には、安定のために砂を敷いておくとよいです。毒物や劇物、引火性のある危険薬品は必ず薬品庫に入れて、カギをしめて保管しておきます。

また、理科準備室には基本的に子どもを立ち入れさせないようにしましょう。危険薬品が見当たらない……そんな時に子どもを疑わなければならない状況は避けたいものです。**薬品庫の施錠、理科準備室は職員のみ入室可**、こうしたルールを徹底しましょう。

ちなみに廃液処理についても、よく質問を受けます。小学校の教科書で登場する、塩酸やアンモニア水などは、酸性もしくはアルカリ性の薬品を混ぜ合わせ、リトマス紙で中性を示せば、下水に流しても問題ありません。ただし、鉄やアルミニウムを塩酸で溶かした廃液は要注意です。基本的には、学習の展開上、蒸発させることになるので、多くの廃液が残ることは稀でしょう。もしも廃液が出た場合は、絶対に下水に流してはいけません。例えば鉄を溶かした水溶液は、鉄の含有量が 10㎎ / 以下でなければ排水できないきまりになっています（環境省の一律排水基準）。必ず廃液処理用のタンクを用意し、教育委員会などを通して、薬品処理業者に依頼するようにしましょう。

参考文献

大日本図書教育研究室『小学校理科 観察・実験セーフティマニュアル』大日本図書，2020

薬品台帳とは

薬品台帳は簡単に言えば、薬品を使用するたびに書き込む記録用紙のことです。薬品名、記録日、残量、記録者名などを書くことが一般的です。決まった形式があるわけではなく、各学校に任せられています。

塩酸(HCl)【12M】　　No. 1

・医薬用外劇物，強い刺激臭
・薄めるときは，水に加えること
・目に入ったときは水でよく洗い，医師の診断を受けること

記録日	使用目的	薬品残量（容器ごと）	記録者
R4 9/20	6年　水溶液の性質（液性調べ）	720g	大﨑
R4 9/21	新規購入	1220g	藤田

薬品台帳はなくてはならないものですが、使用量を毎回記入するのは結構手間がかかります。そこでおすすめの方法が、薬品ビンごと、重さを測ってしまう方法です。薬品庫の前に、スケール（秤）と台帳を常に置いておき、使用するたびに重さを計測し、記録するようにします。そうすることで、年度末にまとめてやるなどということもなくなります。

chapter7 03

準備室整理の一例

右図のようなタイプの棚が準備室にあったとします。どこに何が収納されているのかを分かりやすく示したいです。まずはそれぞれのスペースに記号を付けて、ラベルを貼っておきましょう。各学年で使うものは、ある程度場所を固めておくと、準備がとても楽になります。また、準備室にあまり来ない人でも、どこに何があるのか一目で分かるように、それぞれの棚にあるものを一覧にしておくと、使い勝手がよくなります。

<table>
<tr><td colspan="2">A-1</td><td colspan="2">C-1</td></tr>
<tr><td colspan="2">A-2</td><td colspan="2">C-2</td></tr>
<tr><td colspan="2">A-3</td><td colspan="2">C-3</td></tr>
<tr><td>B-1</td><td>B-2</td><td>D-1</td><td>D-2</td></tr>
<tr><td>B-3</td><td>B-4</td><td>D-3</td><td>D-4</td></tr>
<tr><td>B-5</td><td>B-6</td><td>D-5</td><td>D-6</td></tr>
</table>

<table>
<tr><td rowspan="3">A</td><td>1</td><td>送風機</td><td></td><td></td></tr>
<tr><td>2</td><td>鏡</td><td>虫眼鏡</td><td>放射温度計</td></tr>
<tr><td>3</td><td>遮光板</td><td>スチール缶</td><td>アルミ缶</td></tr>
<tr><td rowspan="6">B</td><td>1</td><td>紙コップ</td><td></td><td></td></tr>
<tr><td>2</td><td>糸</td><td></td><td></td></tr>
<tr><td>3</td><td>輪ゴム</td><td></td><td></td></tr>
<tr><td>4</td><td>豆電球</td><td>導線付きソケット</td><td></td></tr>
<tr><td>5</td><td>方位磁針</td><td></td><td></td></tr>
<tr><td>6</td><td>クリップ</td><td></td><td></td></tr>
<tr><td rowspan="3">C</td><td>1</td><td>簡易検流計</td><td>プロペラ</td><td>電池ボックス</td></tr>
<tr><td>2</td><td>星座早見盤</td><td></td><td></td></tr>
<tr><td>3</td><td>金属膨張試験器</td><td>銅板</td><td>銅棒</td></tr>
<tr><td rowspan="6">D</td><td>1</td><td>プラカップ</td><td></td><td></td></tr>
<tr><td>2</td><td>注射器</td><td>ゴム板</td><td></td></tr>
<tr><td>3</td><td>棒温度計</td><td></td><td></td></tr>
<tr><td>4</td><td>示温テープ</td><td></td><td></td></tr>
<tr><td>5</td><td>アルミホイル</td><td></td><td></td></tr>
<tr><td>6</td><td>線香</td><td>ろうそく</td><td></td></tr>
</table>

さらに、可能であれば、物品名を五十音順に並び替え、何がどの棚に収納されているのかを一覧にしておくとよいです。五十音順に並び替えること自体は、Excelなどの表計算ソフトを使えば簡単に行えます。学校に理科の支援員の先生がいる場合には、こういった整理整頓に関わることを一度お願いしてみてもよいかもしれません。

ア	アルミ缶	A-3	タ	注射器	D-2
	アルミホイル	D-5		電池ボックス	C-1
	糸	B-2		導線付きソケット	B-4
	鏡	A-2		銅板	C-3
カ	紙コップ	B-1		銅棒	C-3
	簡易検流計	C-1	ハ	プラカップ	D-1
	金属膨張試験器	C-3		プロペラ	C-1
	クリップ	B-6		方位磁針	B-5
	ゴム板	D-2		棒温度計	D-3
サ	示温テープ	D-4		放射温度計	A-2
	遮光板	A-3	マ	豆電球	B-4
	スチール缶	A-3		虫眼鏡	A-2
	星座早見盤	C-2	ラ	ろうそく	D-6
	線香	D-6	ワ	輪ゴム	B-3
	送風機	A-1			

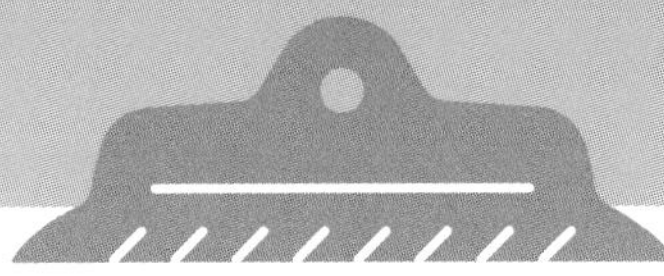

Appendix
付録

子どもたちが夢中になる！ 理科ネタ9選

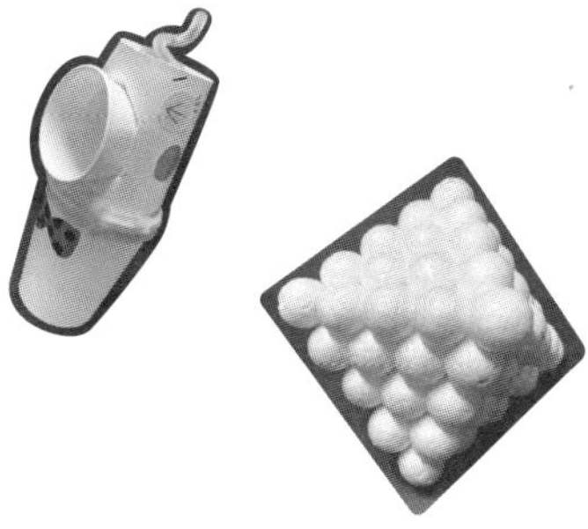

授業で使えるネタ6選

3年「音のふしぎ」 声で動く「くるくるへび」

この教材はインターネットなどでもよく紹介されているので、試したことのある方も多いかもしれません。より丈夫で長い間楽しむことができるように、作り方をアレンジしてみました。下準備をしておくと大量生産も可能で、低学年でも作ることができます。

準備物

紙コップ小１、紙コップ大２、ビニールテープ、
モール（10cmに切ったもの）メラミンスポンジ、ゴム栓（11号）、カッターの刃、
キリ

教師による事前準備

❶ 右図を参考に、メラミンスポンジに印を書く。
❷ マジック線を消さないように、カッターなどで白い部分をくり抜いていき、スタンプを作る。
❸ ゴム栓にカッターの刃をガムテープで取り付ける。
❹ 紙コップ大の側面に先ほど作成したスタンプで印を付ける（残りの紙コップ大はそのままの状態で OK）。
❺ 中央に半田ごてで穴をあける。
❻ ゴム栓にカッターの刃を取り付けたもので、紙コップ小の底を切り取る。

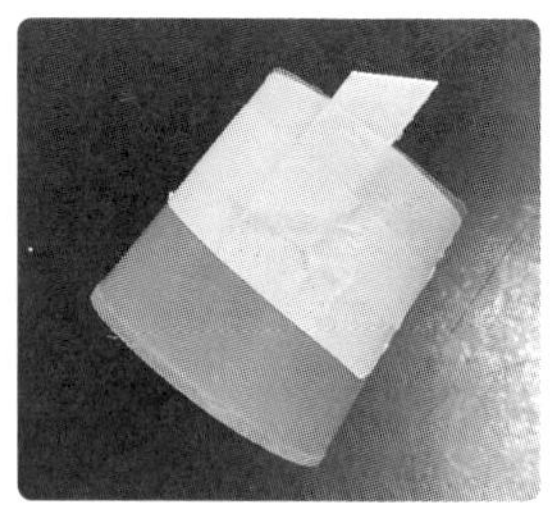

作り方

❶ 紙コップ大の側面の印に沿って、はさみで切れ込みを入れる。
❷ 紙コップ小を切れ込みに差し込む。

❸ もう１つの紙コップ大を下にビニールテープで取り付ける。
❹ モールを指に巻きつけ、へびの形を作る。
❺ 紙コップに好きなように絵を描いても OK。

遊び方

❶ 写真のようにモールを置き、紙コップ小に口を当てて、声を出す。
❷ 大きな声や小さな声、高い声、低い声をいろいろ試してみて、へびの動きを観察する。

活用アイデア

最もオーソドックスな活用は、単元終末でのモノづくりでしょう。また、導入から、このくるくるへびを活用するという方法もよいのではないでしょうか。

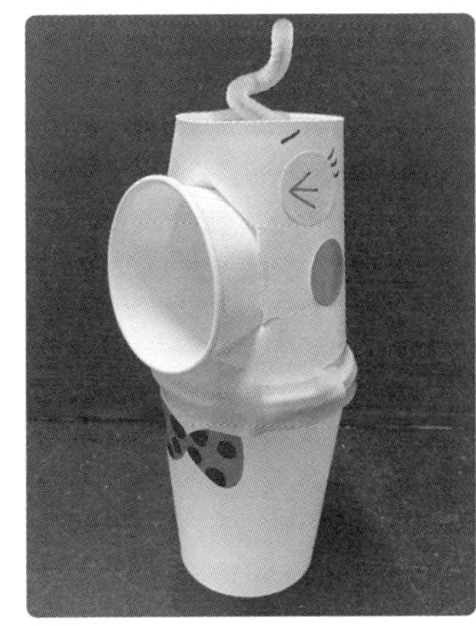

まずは音声なしで、くるくるへびで遊んでいる動画を見せます（動画では、へびの動きが変わるように大きな声や小さな声を出す）。この動画を見ると、子どもたちは音声がないことに違和感を覚えるはずです。「きっと声を出して動かしているはずだ！」と予想し、自分たちでも試してみたくなることでしょう。このように、モノづくりから始める展開はどうでしょうか。いろいろと工夫する中で、音を出した時の物の動き方や震え方に視点が定まってくるでしょう。

➡動画⑰は
こちらから

2 4年「とじこめた空気や水」水風船で体積変化

この実験では、スポンジではなく、水風船を使うのがポイント！ 空気が押し縮められる様子が、とても分かりやすいです。実験後の確認としても活用できるでしょう。

準備物

シリンジ、水風船、水を入れるポンプ（水風船を購入すると大体付いてくるもの）、ゴム板

事前準備

水風船を買うと付いてくるポンプを使います。２プッシュ分程度、風船を膨らませると、シリンジに入るくらいの大きさの風船になります。口をしっかり結んでおきましょう。

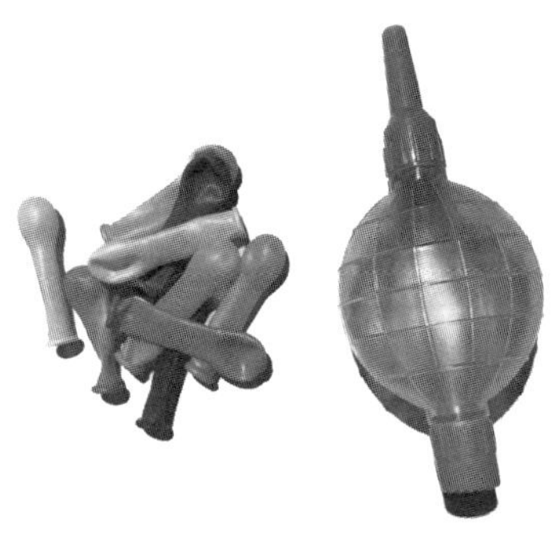

実験

シリンジ内に入れて押してみると、みるみる風船が縮んでいき、手を離すと、元のサイズに戻ります。スポンジに比べて、空気が入っていることが分かりやすいので、子どもたちにも強く印象に残るようです。

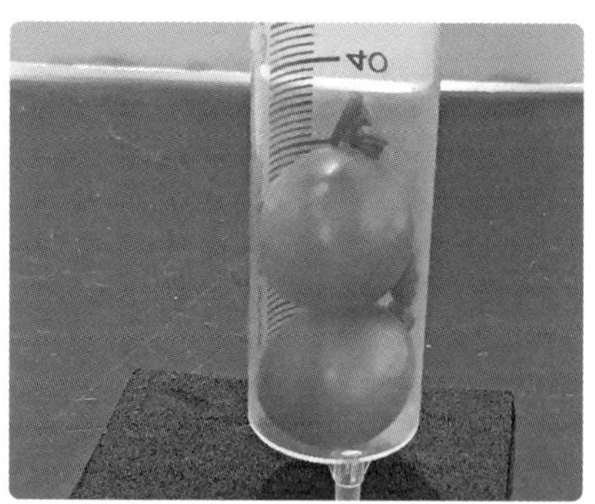

解説

４年「とじこめた空気や水」の学習では、シリンジの中に空気や水を入れて、空気は押し縮められるのに、水は押し縮められないということを学習します。その際に、空気が押し縮められる様子を可視化するために、スポンジなどをシリンジの中に入れて、実験することがあると思います。この時、スポンジが空気に押し縮められて、小さく縮まる様子が観察できるのですが、子どもによっては、スポンジの中に空気が含まれているということがイメージできずに、どうして小さく縮まるのかがよく分からないということがあります。そこでスポンジの代わりになる、おすすめの素材が「水風船」です。水風船は普通の風船に比べてサイズが小さいため、空気で少し膨らませて口を結び、シリンジ内に入れることができます。

活用アイデア

水風船に水を入れてシリンジに入れてみると、当然のことながら、押しても縮みません。空気と水、それぞれを入れた風船をシリンジの中に入れて、変化を比較してみても、面白いです。

子どもたちには何も言わずに、空気が入った風船と水が入った風船をシリンジに入れておき、シリンジを押しながら「どの風船に水が入っているでしょうか?!」と聞いてみてもよいでしょう。学習の定着具合を図ることもできます。

4年「ものの温度と体積」

温めると復活するソフトバレーボール

「空気を温めると体積が大きくなる」ということを生かした実験です。空気が抜けてしまったボールを温めることで、弾むようになる様子を見て、子どもたちはとても驚きます！ ビーチボールや風船……いろいろ試した中で、ソフトバレーボールが一番分かりやすかったです。

※熱湯を扱うため、必ず指導者が演示実験で行うようにしてください。

準備物

空気が少し抜けた状態のソフトバレーボール、お湯（熱湯）、ゴム手袋、
発泡スチロールケースなど

実験

❶ 空気が少し抜けた状態のソフトバレーボールを用意し、弾まないことを確認する。この時、できるだけフルパワーで机や床にたたきつけるようにする。（わざと手を抜いていると疑う子が時々います（笑））

❷ ソフトバレーボールに熱湯をかけていく。全体的にお湯がかかるよう、ボールを回しながら温めると効率がよい。

❸ ソフトバレーボールが膨らんだことが確認できたら、再び机や床にたたきつける。最初に比べて大きく弾むことが確認できる。

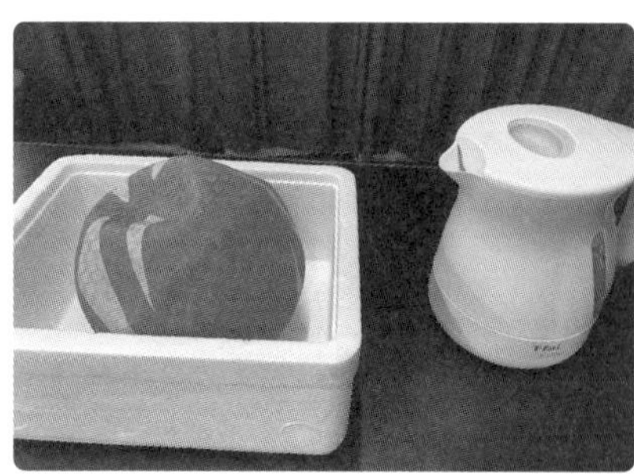

解説

この「ものの温度と体積」の単元は、p.75～80で述べたように、空気、水、金属の体積変化の程度の違いを捉えることがポイントとなります。ソフトバレーボールが温度変化により膨らむという分かりやすい現象は、空気の体積変化の大きさをより体感しやすくなるはずです。また、温めたソフトバレーボールを氷水で冷やすと、再び凹むことも確認ができます。

活用アイデア

「空気を温めると体積が大きくなる」ということを結論付けてから、この実験をしてみるのもよいですが、導入で提示するのも一つの手段です。「外から空気を入れていないのに弾んだということは、ボール内の空気が膨らんだのではないか？」というような予想を基に、授業を展開することもできるでしょう。

ちなみに、この実験を見た子どもが、「この方法知ってたら、空気入れいらんやん！」と言った後、他の子からツッコミを受けていたことはよい思い出です（笑）その後、ツッコミを受けた子も、既習事項を基に、この方法では長持ちしないことを説明できました。

4 5年「もののとけ方」ミョウバン結晶の模型作り

子どもたちが大好きなミョウバンの結晶。飽和溶液に吊り下げておくと、美しい正八面体に成長していきます（ミョウバン結晶の作り方はp.98～99の5年「⑤ミョウバン結晶はどう作る？」を参照）。元々のミョウバンの結晶（種結晶と呼ばれることが多い）は三角形や六角形などの形をしているのに、どうしてなのでしょうか？ モデル自体を作製するのに少し時間はかかりますが、一度作ってしまえば教師にとって素敵な財産になります。ミョウバン結晶の作成に詳しい米沢剛至氏が紹介している教材です。

準備物

発泡スチロール球（1セットの作成で85個必要、動画では20mmのものを使用）、竹串、グルーガン

教師による事前準備

発泡スチロール球を図1～5の形になるようグルーガンでくっつけていきます。

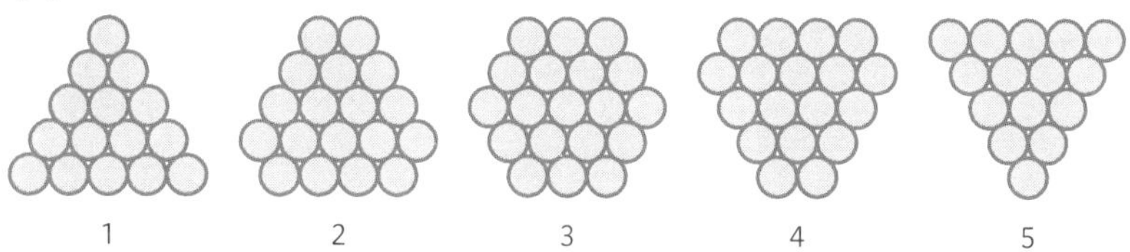

この時、右図のようにスチロール球同士を竹串で刺してつなげておくと、作業効率が上がります。1と5、2と4は向きを変えただけなので、実質同じものです。

解説

グループに１つ、この５枚の結晶モデルを渡し、どうすれば美しい正八面体が出来上がるのかを考えさせます。この時、子どもたちの多くは、右の写真のようにモデルを立てて、正八面体を表現しようと思います。

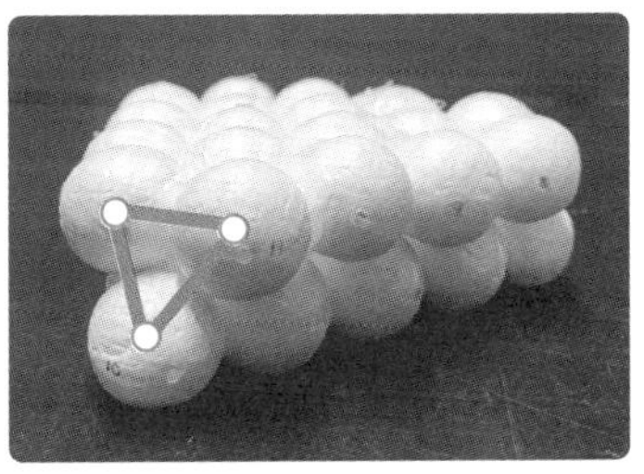

しかし、実際には、そのような作り方ではなく、ただ単に５枚をうまく積み重ねるだけで正八面体を作ることができます。ヒントを与えるとすれば、「球の数に注目する」「正八面体はどの面も正三角形になっている」ということです。例えば、右のように積み重ねたグループがいた場合には、側面に正三角形ができていることが確認できます。そのことに気付ければ、この上にはどの形のモデルをのせればよいのか見当がついていきます。

結果的に、１の上に２～５を順に積み重ねていくと、見事な正八面体が出来上がります。子どもたちは、この立体パズルが完成すると「おぉー！」と歓声を上げます。このように球が規則正しく並ぶことで、正八面体を作り出すことができることに子どもたちは感動します。そして、科学の世界により強く興味を抱く時間になるでしょう。これまでノーヒントでこのパズルを完成させたグループは、ごく少数です。理科室前に理科コーナーなどを設置し、この教材を置いておくのもおすすめです。

➡動画⑳は
こちらから

参考文献

米沢剛至『ちょっとやってみようかな化学』日本評論社,2008

5 6年「水溶液の性質」青色スティックのりの色変化

水溶液の性質は、実は身近なものにも使われています。自然事象が日常にも生かされていることを発見できる実験です。

準備物

青色スティックのり（時間が経つと青色から透明になるもの）、紙、
酸性水溶液（うすい塩酸）、アルカリ性の水溶液（うすいアンモニア水）、スポイト

実験

❶ 青色スティックのりを紙に塗る。
❷ うすい塩酸を少量、のりを塗った部分にスポイトで落とす。すると、青色が透明に変化する。
❸ 次に、透明になったところに、うすいアンモニア水を少量スポイトで落とす。すると、また青色に戻る。

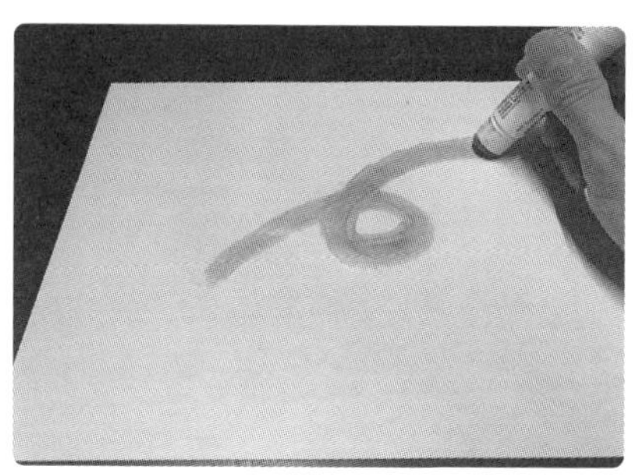

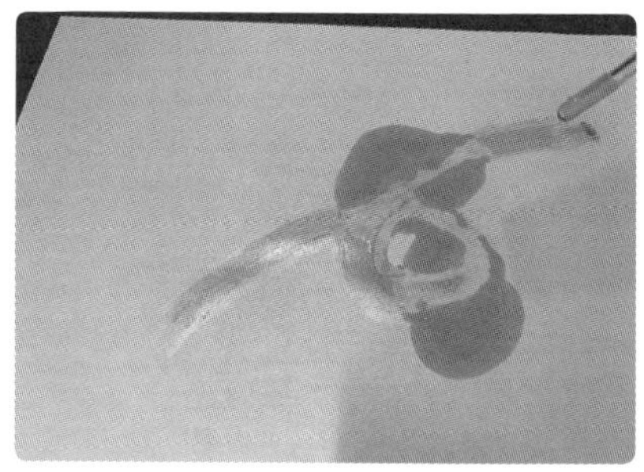

解説

色が付いていることで、塗りムラや塗りすぎを防ぐことができる青色スティックのり。乾くと透明になるので安心して使えます。実は、この青色スティックのりには、リトマス紙と同じ性質が利用されているのです。青色スティックのりは弱アルカリ性を示しており、空気中の二酸化炭素に触れたり、

紙のもつ酸性成分と反応したりすることで中性になり、色が透明に変化するのです。

活用アイデア

単元の終末もしくはリトマス紙を用いた液性の実験終了後に行うことを想定しています。まず子どもたちに、青色スティックのりの色が消える理由には、水溶液の性質で学んだことが使われていると伝えます。そして、これまでに扱った水溶液を使って、その秘密を解き明かしてみようと課題を提示します。子どもたちは、青色のりの部分に酸性やアルカリ性の水溶液を落としてみて、酸性の水溶液で色が透明になることに気が付くでしょう。

でも、実際には、青色のりは酸性の水溶液をかけなくても、だんだんと透明になります。そこで、子どもたちに、「何もかけなくても透明になるのはどうして？」と聞いてみましょう。子どもたちは、そこから、実体的な見方を働かせ、目に見えない空気の存在に着目していきます。空気中の成分や炭酸水に溶けている気体を想起すれば、自ずと「二酸化炭素」があやしいという予想にたどり着くでしょう。最後は、青色のりに二酸化炭素を吹きかけ、色が消えることを見つけ出すことができれば、見事にその仕組みを解き明かしたことになります。

年度末の余剰時間に、この課題に自由思考で取り組むこともできるでしょう。ネタで終わらせることなく、授業にうまく組み込むことができれば、子どもたちの資質・能力の育成に大きくつながると考えられます。

➡動画㉑は
こちらから

参考文献

高木正之・稲田結美・雲財寛・角屋重樹「理科授業を通した小学生の類推にする力の変容について-仮説形成に着目して-」『日本体育大学大学院教育学研究科紀要』3巻1号, pp.165-176,2019

「のりの雑学　消えいろピットの色が消える仕組み」株式会社トンボ鉛筆 https://www.tombow.com/mamechishiki/g89/

授業で使えるネタ6選

6 6年「電気の性質とはたらき」 白熱電球とLED

この単元では、豆電球よりもLEDの方が少しの電気で長く明かりをつけられることを学習します。この時、豆電球を触ってみると温かさを感じることから、豆電球は電気を光だけでなく、熱にも変えてしまっていることを実感できます。ここでは、白熱電球とLEDを使って、この実験をさらにインパクトあるものに変える方法をご紹介します。

準備物

白熱電球（100V 60W）、LED電球（100V 4.9W）、
示温シート（もしくはサーモインクを染み込ませた紙）

実験

白熱電球とLED電球を同時に点灯させ、示温シートを近付けます。すると、熱が発生している白熱電球の方だけ、示温シートの色が変化します。

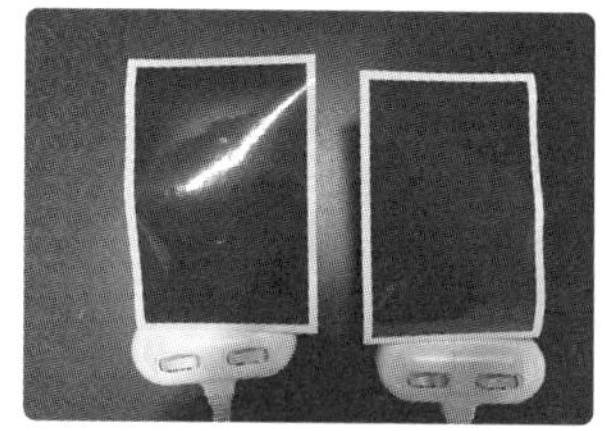

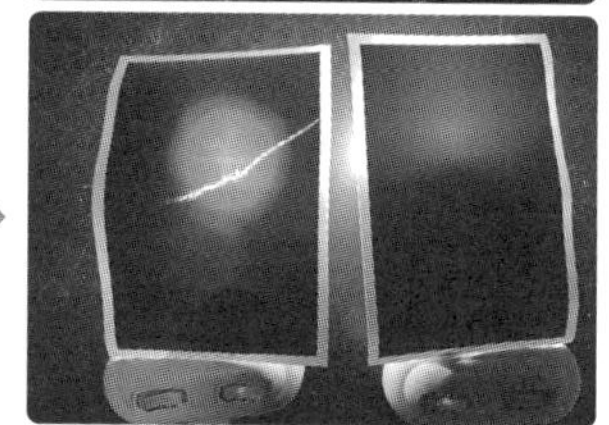

解説

白熱電球もLED電球もともに電気エネルギーを光エネルギーに変換しているわけですが、白熱電球はその多くの電気エネルギーが熱エネルギーに変換されてしまいます。そのため、ガラス表面の温度もLEDに比べ、高温になります。

➡動画㉒は
こちらから

科学クラブで使えるネタ3選

1 サーモインクで不思議なコースターづくり

4年で扱うサーモインクを科学クラブでも利用してみましょう。とても手軽で簡単にできるモノづくりです。素敵なコースターが出来上がったら、お家の人へのプレゼントにしてもよいかもしれません。

準備物

サーモインク（液体タイプ）、ペーパータオル、筆、ラミネートフィルム、ラミネーター

作り方

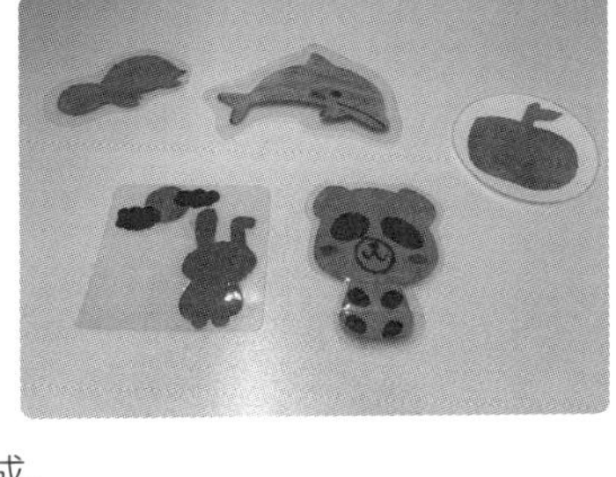

❶ ペーパータオルに筆でサーモインクを塗り、乾燥させる。ドライヤーを使うと乾燥も速く、色の変化も楽しめる。
❷ 2～3回程度重ね塗りをし、また乾燥させる。
❸ 紙を好きな形に切り、ラミネートする。
❹ ラミネートの余分な部分を切り取れば完成。

遊び方

温かい飲み物を注いだマグカップの下にコースターを敷くと、色の変化が楽しめます。また、ラミネート加工しているので、コースターを直接お湯に入れたり、氷水に入れたりしても大丈夫。お風呂でも遊べます。

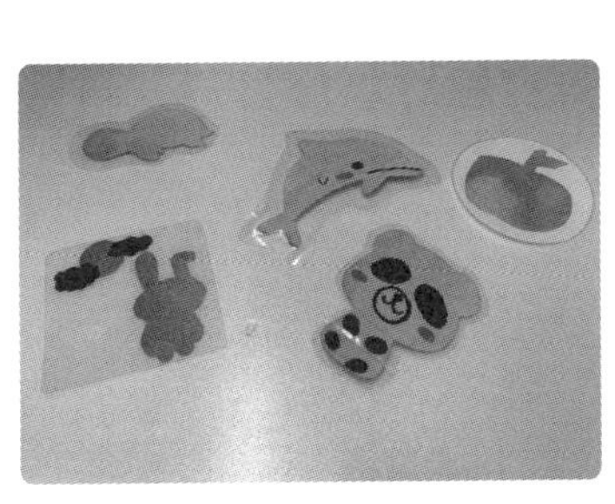

➡動画㉓はこちらから

2 やっぱり大人気！ 空気砲作り

でんじろう先生の代名詞として知られる空気砲。やはり子どもたちに大人気です。空気砲を作るためには大量のダンボールが必要です。そこで、おすすめなのは年度当初の実施です。なぜなら、年度当初は学校に山ほどダンボールがあるからです（笑）各学年の先生方に、ダンボールは捨てずに理科室に運んでもらうよう伝えておくとよいでしょう。

空気砲をただ作るだけでも面白いのですが、より面白くする工夫をご紹介します。

準備物

ダンボール、カッターナイフ、ガムテープ、紙コップ

作り方

❶ ダンボールの側面（開かないところ）に１か所、穴をあけるための印を書く。穴の大きさや形も試行錯誤するとよい。あとで紹介する紙コップ飛ばしをする場合には、紙コップの口よりも小さく、紙コップの底よりも大きい穴のサイズにしておく。

❷ 印に沿って、ダンボールに穴をあける。科学クラブなどで実施する場合は、最初の切れ込みは指導者が行った方が安全。

遊び方

● **「空気砲の口の形を○以外で作るとどうなるのだろう？」という課題に取り組む**

写真のように空気砲の穴を★や▲、■など、いろいろな形で試してみましょう。

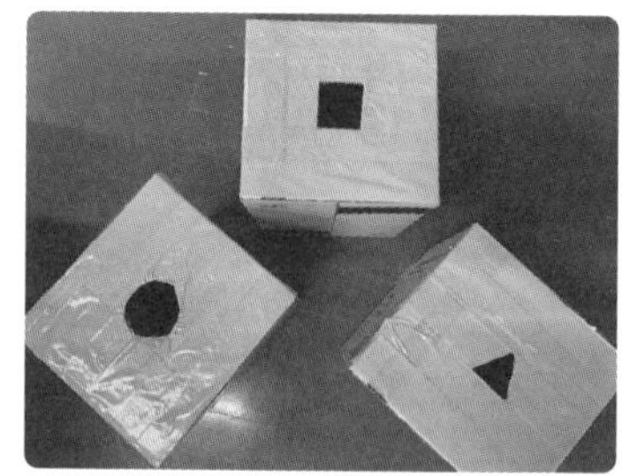

● **空気砲で的当てをする**

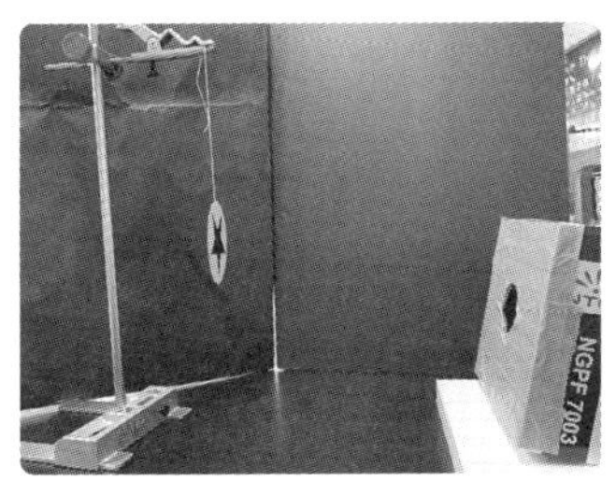

写真のように、スタンドにヒモと紙皿などをくっつけた的が簡単でおすすめです。いちいち倒れることもないので、扱いも楽です。

● **空気砲で紙コップキャッチ大会を開く**

空気砲の穴に紙コップを差し込み、ダンボールを押してみると、紙コップが飛び出します。ペアになり、一人はダンボールを押し、もう一人は紙コップをキャッチします。両手でキャッチ、片手でキャッチ、一回転してキャッチなどのバリエーションを付けると、さらに盛り上がります。

少しお金はかかるけど、スモークマシーンは最高

空気砲をするのであれば、やはりスモークマシーンがあるとよいです。以前の勤務先では、学校の予算で購入しました。基本的に自腹を切ることは心の底からおすすめしませんが、スモークマシーン１台あれば、異動先でも簡単にヒーローになれるので、持っておいても損はないと思います。

※スモークマシーンは理科のカタログでも購入できますし、Amazonや楽天などでも購入可能です。値段は様々ですが、安いものであれば5,000円程度（2023年4月現在）で見つかります。専用のリキッドも4,000円程度（2023年4月現在）で購入できます。

➡動画㉔はこちらから

3 夢が叶う!? シャボン玉に入ろう

誰もが一度は「シャボン玉の中に入ってみたい！」と思ったことがあるはずです。そんな夢を叶えてくれる実験。できるだけ準備に手間がかからない方法を考えました。

準備物

- **シャボン液の材料**

  食器用液体中性洗剤（界面活性剤32%以上）100mL、洗濯糊（PVA）500mL、精製水1000mL、グリセリン100mL

- **シャボン玉用輪っかの材料**

  フラフープ、ガーゼ、グルーガン、手提げホルダー２つ、結束バンド

- **シャボン液の液だめ**　牛乳パック、ガムテープ、ビニールシート

作り方

- **シャボン液**

  前日に、食器用洗剤、洗濯糊、精製水、グリセリンを混ぜ合わせておきます。馴染むまでに時間がかかるので、前日に混ぜ合わせておくとよいです。水道水は不純物が混ざっているため、精製水を使うようにしましょう。

- **シャボン玉用輪っか**

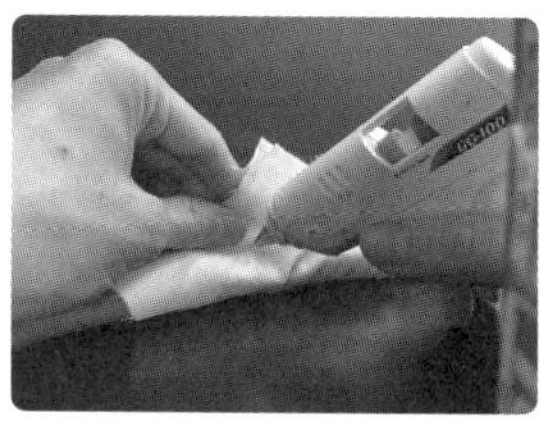

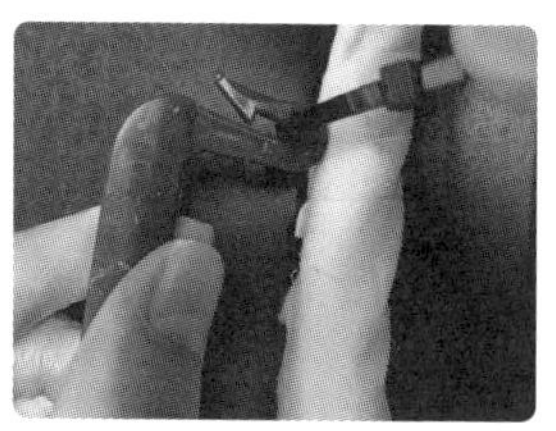

  フラフープにガーゼをグルーガンで貼り付けていきます。すべて貼り付けたら、手提げホルダーを結束バンドで２か所、対称になる位置に付けておきます。

- **シャボン液の液だめ**

  牛乳パック約７本をガムテープでつなぎ合わせていき、小さな輪を作りま

す。さらにその輪のまわりに牛乳パック約11本をつなぎ合わせ、大きな輪を作ります。
ビニールシートを上から被せ、小さな輪と大きな輪の間にシャボン液がたまるようにします。

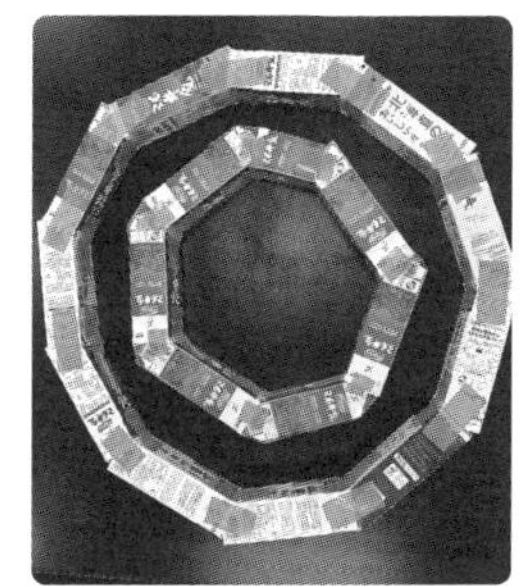

遊び方

❶ 液だめにシャボン液を入れ、シャボン玉用輪っかを浸す。20分以上浸けておくと、成功率が上がる。
❷ 中心に人が立つようにする。必ずゴーグルや保護眼鏡をかける。
❸ 輪っかを引き上げる人は、最初はゆっくり引き上げ、その後スピードをあげて引き上げる。

※室内で行った方が風などの影響を受けないため、成功率が上がります。また、湿度が高い方が塵やゴミが浮遊しにくいため、シャボン玉は割れにくくなります。うまくいかない時は、精製水や洗濯糊、グリセリンを少しずつ足してみましょう。シャボン液で滑りやすくなるため、足元のビニールシートの上にタオルなどを敷いておきましょう。

解説

人が入れるシャボン玉の一番のネックは、シャボン液を何にためるかという点です。これまで多くの実践では、ビニールプールなどにシャボン液を入れ、長靴を履いて、中に入るという方法がとられていました。この方法では、シャボン液が大量に必要となってしまいます。今回紹介した方法では、シャボン液の量が少量で済みます。牛乳パックは学校で呼びかければ、すぐに集めることができるでしょう。ぜひ試してみてください。

おわりに

保育園にお迎えに行ってから、勉強会に参加します！

子どもの寝かしつけを終えたら、オンラインの研修参加させてください

これは私が所属する自治体内の勉強会や、私が管理人を務めるLINEオープンチャット【小学校理科の部屋】でのオンライン研修で、実際に参加者の方から届いたメッセージです。

学校の教員は本当に多忙を極める職業です。多くの先生は真面目で、自分のプライベートな時間を割いてでも、子どもたちのためを思って日々奮闘されています。私が勤務する自治体内では、他校の先生方と直接やりとりをできる機会も多く、たくさんの先生方の理科授業に関する悩みを聞くことができました。そんな時、ふと思ったのが、「全国的にはどうなんだろう？ 理科の授業に悩みを抱えている先生はきっと多いのでは？」ということでした。

そう思って始めたのが、SNSでした。私の読みは、ずばり的中しました。SNSでつながることができた先生方も、同じような理科授業に対する悩みを抱えていたのです。悩みをたくさん教えていただく中で、私自身がまだまだ知らないこともたくさんあることに気付き、成長する機会にもなりました。しかし、全教員がSNSをしているわけではありません。さらに情報を届けるにはどうしたらよいか……、そんな時に思いついたのが「本」という形でした。本書では、できる限りのことを書いたつもりです。つたない実践や、情報不足な部分もあると思いますが、ぜひ取捨選択しながら、先生自身が「理科ってちょっと楽しいかも！」そんなふうに思える実践をしてくださるとうれしいです。本書がみなさまのお役に立てることを願っております。

また、下記のみなさまには、本執筆にあたり、御助言や情報提供などをいただき、感謝の気持ちでいっぱいです。また、京都市青少年科学センター職員のみなさま、京都理科研究会の会員のみなさまにおかれましても、日々理科教育について研鑽を深めさせていただき、本当にありがとうございます。

由良二郎様、中井祥平様、園田洋介様、辻礼史様、今邑宏樹様、
黒田隆史様、大磯伸也様、山本佳孝様、森長 舞様

最後になりましたが、本書を執筆するにあたり、東洋館出版社の上野絵美様にはたくさんご尽力いただきました。多くの理科をはじめとした教育書を出版されており、私の小学校教員生活を支えてくださっていると言っても過言ではない東洋館出版社様から、自分の本が出るということを本当に幸せに感じます。ありがとうございました。

大﨑　雄平

著者紹介

大﨑 雄平

Osaki Yuhei

1989年生まれ。京都教育大学理科領域専攻を卒業後、京都市にて小学校教諭として勤務。EDUBASE CREW(理科部長)、Microsoft認定教育イノベーター、京都理科研究会、日本初等理科教育研究会会員。担任だけでなく、理科の教科担当や理科専科の経験をもつ。小学校のほかに、京都市青少年科学センターでの勤務も経験。科学センター勤務時には、小学校理科に関わる教員研修の講師を数多く担当。
SNSでは理科授業に役立つ情報を発信している(@mogurin_rika)。小学校、中学校、高等学校、大学の教員や理科支援員、大学生などで構成されるLINEオープンチャット【小学校理科の部屋】の管理人も務め、2023年4月現在、参加者は370名を越える。
理科の教材開発にも注力し、第7回全小理教材開発コンテスト ケニス賞、ウチダ教材開発コンテスト(2021)奨励賞を受賞。

special thanks 川上明日美様

『はじめての理科専科』 ダウンロード資料について

chapter3の「1 安全指導はこれで決まり！」、chapter4の4年「❼水がなかなか凍らない！」で紹介した資料は、東洋館出版社オンラインからダウンロードすることができます。なお、会員登録（無料）およびパスワードが必要になります。以下の手順で、ダウンロードしてください。

❶ 東洋館出版社オンライン（https://www.toyokan.co.jp）へアクセスし、会員登録済みの方はメールアドレスとパスワードを入力後「ログイン」する。

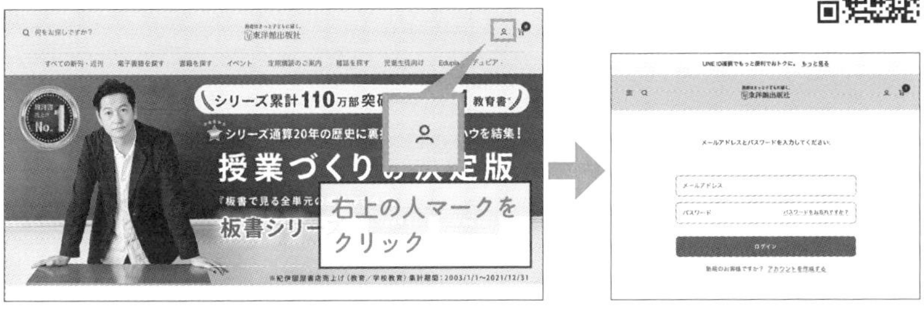

❷ 会員登録がまだの方は、「アカウントを作成する」をクリックし、必須項目を入力する。

❸「ダウンロードページ」をクリックする。

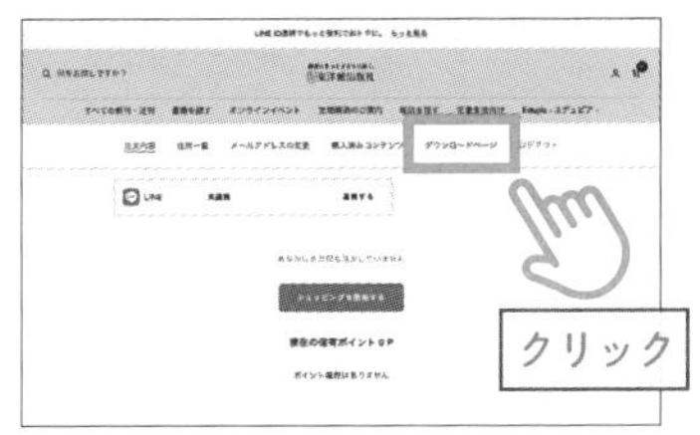

❹ 本書の（ダウンロード）をクリックし、下記のユーザー名、パスワードを入力する。

ユーザー名：rikasenka
パスワード：hW7H4AeU

■注意点および著作権について
・リンク先にはパソコンからアクセスしてください。スマートフォンではファイルが開けないおそれがあります。
・PDFファイルを開くためには、Adobe AcrobatまたはAdobe Readerがインストールされている必要があります。
・著作権法での例外規定を除き、無断で複製することは法律で禁じられています。
・収録されているファイルは、営利目的であるか否かにかかわらず、第三者への譲渡、貸与、販売、頒布、インターネット上での公開等を禁じます。
・ただし、購入者が学校で必要枚数を児童に配付する場合は、この限りではありません。ご使用の際、クレジットの表示や個別の使用許諾申請等の必要はありません。

■免責事項・お問い合わせについて
・ファイル使用で生じた損害、障害、被害、その他いかなる事態についても弊社は一切の責任を負いかねます。
・お問い合わせは、次のメールアドレスでのみ受け付けます。tyk@toyokan.co.jp
・パソコンやアプリケーションソフトの操作方法については、各製造元にお問い合わせください。

はじめての理科専科

2023(令和5)年5月21日　初版第1刷発行

著　者：大﨑雄平

発 行 者：錦織圭之介

発 行 所：株式会社東洋館出版社

〒101-0054　東京都千代田区神田錦町２丁目９番１号
コンフォール安田ビル２階
代表　　電話 03-6778-4343　FAX 03-5281-8091
営業部　電話 03-6778-7278　FAX 03-5281-8092
振替 00180-7-96823
URL https://www.toyokan.co.jp

装丁：西野真理子（株式会社ワード）

組版：梅林なつみ、佐藤紀久子（株式会社ワード）

イラスト：おしおあおい

印刷・製本：シナノ印刷株式会社

ISBN978-4-491-05119-2　Printed in Japan